OS ANDAIMES DO
NOVO
VOLUNTARIADO

EDITORA AFILIADA

Conselho Editorial da
área de Serviço Social
Ademir Alves da Silva
Dilséa Adeodata Bonetti
Elaine Rossetti Behring
Maria Lúcia Carvalho da Silva
Maria Lúcia Silva Barroco

Dados Internacionais de Catalogação na Publicação (CIP)
(Câmara Brasileira do Livro, SP, Brasil)

Cunha, Márcia Pereira
  Os andaimes do novo voluntariado / Márcia Pereira Cunha. -- São Paulo : Cortez, 2010.

  Bibliografia.
  ISBN 978-85-249-1586-4

  1. Filantropia 2. Organizações não-governamentais 3. Organizações sem fins lucrativos 4. Solidariedade 5. Terceiro setor I. Título.

10-02919   CDD-361.37

Índices para catálogo sistemático:

1. Voluntariado : Bem-estar social 361.37

Márcia Pereira Cunha

OS ANDAIMES DO
NOVO
VOLUNTARIADO

OS ANDAIMES DO *NOVO* VOLUNTARIADO
Márcia Pereira Cunha

Capa: aeroestúdio
Preparação de originais: Jaci Dantas
Revisão: Maria de Lourdes de Almeida
Composição: Linea Editora Ltda.
Coordenação editorial: Danilo A. Q. Morales

Nenhuma parte desta obra pode ser reproduzida ou duplicada sem autorização expressa da autora e do editor.

© 2010 by Autora

Direitos para esta edição
CORTEZ EDITORA
Rua Monte Alegre, 1074 – Perdizes
05009-000 – São Paulo-SP
Tel.: (11) 3864-0111   Fax: (11) 3864-4290
E-mail: cortez@cortezeditora.com.br
www.cortezeditora.com.br

Impresso no Brasil – julho de 2010

Por ordem de chegada, para
Eri, Juju, Vitor, Lucas e Pedro.

Desejando que um dia nos interroguem sobre o que fizemos para que o mundo tenha se tornado o que ele será quando, então, a responsabilidade pelos novos for de vocês!

Agradecimentos

Quando iniciei este trabalho sobre o *novo* voluntariado, tinha poucas dúvidas sobre o fato de que ele representava um retrocesso nas formas de participação e debate da sociedade sobre os problemas que, com frequência, chamamos vagamente de questões sociais. Logo, as certezas tiveram que ser colocadas de lado, sob pena de perder a oportunidade de construir questões não só sobre ele, mas sobre o contexto em que ele surgiu. Por esse aprendizado é que devo agradecer a tantas pessoas.

A primeira delas, Maria Helena Oliva Augusto, que de início me angustiava em recusar-se a concordar com meus pressupostos tão coerentes. Em nenhum momento me decretou equivocada ou míope, apenas me cercava as certezas com seu generoso e encorajador "por quê?". Em seguida, meus colegas de mestrado que, concordando ou não com o que eu escrevia, trouxeram novas ideias, me mostrando que havia outras coisas a acrescentar, outros aspectos a considerar. E o problema foi se tornando maior, quando num mestrado com tempo cada vez menor, isso não pegava lá muito bem. Agradeço especialmente aos amigos que fiz nesses cafés regados de trocas: Mury, Marquito, Kibe, Daniel, Michele, Cássia, Rogério e, como não, a que aguentou aquela parte chata das reviravoltas das aventuras particulares, grande Geórgia. E para ir mais contra a corrente ainda, as discussões na Plural que me ajudaram a ver que o que era questão a estudar estava também nas discussões (de outra natureza, é verdade, mas nem de longe menos importantes) sobre as transformações na Universidade. Agradeço especialmente ao Mineiro, Marquinhos e

Regina. Aos professores Adrián Gurza Lavalle, Maria Carmelita Yaszbek e Álvaro Comin agradeço as preciosas ponderações e questões colocadas no exame de qualificação e no momento da defesa da dissertação.

Nas "atividades paralelas", convivendo com Nil, Nielinha, Bruna, Lidinha e Jean e os mais recentes Maurício, Marcel, Samantha e Luiza, aprendi que, no dia a dia, a generosidade é elemento fundamental para poder estar aberto e aprender sempre mais. Vera e Bel, além do apoio e carinho, aprendi com vocês a duvidar do imediato, do presente. Antes de nós, quantos mais? Ainda nas "paralelas", estão os incansáveis do *Olha o Menino*. Com vocês aprendi que considerar o divergente não é abrir mão do que queremos, lição importante e que exige coragem. Existe um mundo "entre" as pessoas e que bom que vocês estão nele, Marcelo, Meli, Renata e Mari! E aí também tem os amigos de todas, da faculdade, das paralelas e transversais! Desde as santistas Gisele e Sueli (agora acompanhadas de Clarisse e Sofia), passando pelo casal Sandro e Delma (agora com a pequena Niara), chegando ao Éder e à Roberta e retornando aos distantes, mas presentes Ronaldo e Valquíria. Cláudia Sintoni, outra interlocutora intermitente, mas muito querida. Para não falar dos incansáveis Zé e Tati, Paulo e Carina (agora com o recém-chegado Davi), Rodri e Fernanda (presença a quilômetros de distância não é para qualquer um!) e dos queridíssimos Emerson Zoppei e Nara Sano. Embora eu evite a repetição, amo todos vocês.

Saindo um pouco das famílias, é preciso agradecer de forma especial aos voluntários com quem conversei, desde aquele que estava começando, mesmo na dúvida sobre se daria certo aceitar o convite do voluntariado, até os profissionais que conversaram comigo sobre os alicerces dessa proposta que cresceu e continua aí. A delicadeza com que fui recebida e em que se davam as conversas me ensinaram coisas que vão muito além deste texto. Se aprendi algo nesse percurso, foi que ainda que eu possa discordar de algumas coisas que ouvi (o que significa que vocês também podem discordar do que vão ler) respeito imensamente a energia e a esperança que vocês depositam no que acreditam. O que vocês dizem sonhar, eu sonho também e espero que nas divergências que podem estar neste trabalho, nenhuma diga respeito a esse sentimento. Agradeço especialmente ao Centro de Voluntariado de São Paulo e a Miguel Darcy.

Finalizando com agradecimentos domésticos, tenho que agradecer aos meus pais, seu José e dona Zeni, e aos meus irmãos, Ricardo, Roberto, Zezinho e Marlene, só porque são meus pais e meus irmãos. Isso basta porque são tudo para mim. E, dentro de qualquer protocolo, sem pretensão de ser original, deixo o agradecimento final para o Nilton, aquele cara que "inclui todas as alternativas anteriores" e que está nas partes boas deste trabalho.

Agradeço à CAPES, pela concessão da bolsa que me permitiu a dedicação à pesquisa e a redação deste trabalho.

Sumário

Apresentação 13

I. Caracterizando o objeto: o *novo* voluntariado 29
O terceiro setor e seus elementos 30
Instituições de origem empresarial 44
Alguns dados sobre as organizações 51
A participação do Estado na construção do *novo* discurso institucional 60
Novo voluntariado 66

II. Atores e relações em torno da *questão social* 81
1930: Estado, Igreja, elites e o discurso da integração ... 91
1964: Estado *versus* sociedade civil 99
O início da década de 1990 108
1930, 1960, 1990: deslocamentos em torno da questão social ... 122

III. A construção do *novo* voluntariado 127
Novo voluntariado e relações na área social 128
O *novo* voluntariado e seu contexto 152

Considerações finais 167

Referências bibliográficas 177

Apresentação

> "A década de 90 abre as portas para um novo milênio, para um novo modelo de voluntariado que ultrapasse o anterior e considere o voluntário como um cidadão que, motivado por valores de participação e solidariedade, doa seu tempo, trabalho e talento de maneira espontânea e não remunerada em prol de causas de interesse social e comunitário."
>
> (Curso Básico de Gerenciamento de Voluntários — Centro de Voluntariado de São Paulo, março, 2000, p. 9)

O *novo* voluntariado, como chamaremos o trabalho voluntário tal como ele aparece caracterizado publicamente a partir da metade dos anos 1990, é uma construção. Não é resultado da soma de sentimentos cívicos individualmente gestados. Essa construção foi tomada, neste trabalho, em dois sentidos. O primeiro diz respeito às relações entre atores sociais que se reuniram para lhe dar a sustentação que o manteve no horizonte público com a visibilidade que alcançou. O segundo refere-se à sua aparência de novidade, isto é, à elaboração de um discurso institucional que deu forma a esse *novo* voluntariado, atribuindo-lhe qualidades, descrevendo suas formas passadas, identificando-o a valores, posicionamentos e atitudes determinados.

A elaboração da questão nesses termos, entretanto, não foi imediata. A emergência do tema de um *novo* voluntariado deu-se em um momento em que outras chamadas "novidades" apareciam no cenário público. Embora seja possível identificar um cenário de mudanças e de temas novos para além da área em que o *novo* voluntariado surgiu, nosso olhar recaiu sobre os temas que lhe eram mais próximos: aqueles relacionados à proposição de novas formas de entender e enfrentar problemas sociais, especialmente os que diziam respeito à solução das desigualdades sociais e aumento da pobreza. Assim, esse *novo* voluntariado aparecia ao lado de temas relacionados a uma outra novidade: o terceiro setor e as organizações não governamentais. De fato, a semelhança entre os termos utilizados e as ideias difundidas faz com que o surgimento do *novo* voluntariado pareça ser um fenômeno dentro de um campo maior, que é esse do terceiro setor. A ostensiva presença do assunto nos meios de comunicação ou o sensível crescimento de organizações sociais sobre as quais se indagava se "eram do terceiro setor ou não" parece ter despertado o interesse sobre ele e estimulado as primeiras pesquisas sobre o tema. Entre elas, o sempre presente esforço de dimensionar, definir, delimitar o que aparecia de maneira tão difusa.

No caso do trabalho voluntário não era diferente: quem são os voluntários? Quais suas motivações? A quais atividades se dedicam? Por quê? Este trabalho surgiu de indagações semelhantes, embora estimulado menos pelo interesse em traçar o perfil do *novo* voluntariado do que pela questão das mudanças nas formas de participação social. A indagação estava orientada pela ideia de que, agindo de maneira pontual, o trabalho voluntário não poderia alcançar as mudanças que alegava ser capaz de fazer. Com isso, o início da pesquisa foi marcado muito mais por dúvidas do que por hipóteses sobre o que estava em jogo no estímulo ao trabalho voluntário. Não havia uma questão claramente construída quando foram realizadas as primeiras entrevistas, ainda para a elaboração de um trabalho de graduação, com voluntários que procuravam o Centro de Voluntariado de São Paulo, no ano de 2000. Dois pontos chamaram a atenção naquele momento: o grande número de profissionais liberais, aposentados e estudantes que queriam ser voluntários e a fala comum de descrença em formas de participação coletiva e de rejeição à política, chamada sempre de "política dos políticos", "a política partidária", "a política de Brasília". O "Estado falido" era a figura correspondente mais recorrente, mas aparecia ao lado de outra, a do "Estado parceiro". A tentativa foi no sentido de responder à pergunta: *"Podemos considerar o voluntariado como atuação pública e política em sua forma e em seus fins?"*.

O público, no sentido arendtiano (Arendt, 2001), era tomado como espaço da ação e do discurso que se ocupam das questões que dizem respeito ao projeto de construção de um mundo comum, em oposição aos interesses privados. Para Arendt, ação e discurso são atividades constituintes da condição humana, uma vez que produzem o mundo que une e organiza os homens e possibilita sua existência. Por isso, são dados à pluralidade; exigem a presença de outros homens para se realizarem. A ação é aquela capaz de instituir o novo e era nesse sentido que a ação no espaço público era definida como ação política.

Por sua vez, a noção de política utilizada era a desenvolvida por Jacques Rancière (Rancière, 1999), baseada na lógica do dissenso. Essa política não é a combinação entre diferentes opiniões ou reivindicações dos grupos sociais. Da mesma forma, dissenso não significa discordância, mas "divisão no núcleo mesmo do mundo sensível que institui a política e sua racionalidade própria" (idem, p. 348). A política é ação que, por meio dessa divisão, confronta dois modos de ser de uma mesma comunidade. O sujeito político não é um grupo social, uma parte do todo, mas uma construção que se sobrepõe à estrutura concreta da sociedade. Se confundida com seus grupos, deixa de ser política. O fundamento da política do dissenso está na ruptura da lógica de dominação estabelecida, que permite a passagem de um princípio de dominação a outro. A política do dissenso inclui no jogo político os que não poderiam ser parte dele.

Dessa primeira incursão, saíram as primeiras análises, bastante rígidas: o *novo* voluntariado seria uma forma de participação despolitizada e despolitizante, cuja adesão responderia a sentimentos particulares de incômodo e insegurança sociais. No entanto, na proposta de continuação de estudo sobre o tema, no mestrado, o esforço em caracterizar claramente a que o projeto dizia respeito quando se referia a um *novo* voluntariado evidenciou o fato de que existiam algumas ideias, imagens e termos que eram utilizados com frequência por todos os voluntários entrevistados. Existia, portanto, sobre a fala dos candidatos ao voluntariado, uma forte influência das instituições que convidavam ao envolvimento voluntário. A identificação dessas imagens e ideias ao *novo* voluntariado definia-o de maneira um tanto fluida, mas eficiente, uma vez que elas apareciam espontaneamente na fala dos voluntários. A própria ideia de novidade era oferecida nas palestras e cursos, por meio da equação entre experiências passadas ("todos já realizaram alguma atividade voluntária", "a ação em nome de um bem comum é natural do brasileiro") e presentes dos ouvintes ("todos estamos indignados com a situação do país", "é preciso fazer alguma coisa", "não podemos ficar esperando que o governo resolva os problemas"): essa era a oportunidade de contribuir com a mudança social que desejavam, por meio de uma ação que não era alheia às experiências e habilidades pessoais. A continuidade da pesquisa levou, então, à abertura do leque de questões, quando se poderia afirmar que, a essa altura, o desejável seria diminuí-lo.

As entrevistas tiveram continuidade e, já em 2001, ano instituído pela ONU como o Ano Internacional do Voluntariado, foram complementadas com participações em palestras de divulgação e debates sobre o tema, eventos públicos, cursos e acompanhamento de reportagens e artigos em mídia impressa e eletrônica. De um lado, o contato com os voluntários levou à percepção de que eles não desejavam ter nenhuma participação ou envolvimento político, no sentido em que era desenvolvida a proposta do projeto de mestrado. Ao contrário, o trabalho voluntário parecia-lhes positivo justamente por ser uma ação sem vínculos partidários ou religiosos. Embora utilizassem os termos e ideias do discurso institucional, não o faziam para falar de suas motivações para a busca do trabalho voluntário. A hipótese de que partia o projeto de pesquisa, de que era uma atividade despolitizada, pouco contribuía para a investigação sobre expectativas e motivações daquelas pessoas que, afinal, estavam aceitando um convite, com intenções e formulações sobre elas que eram muito próprias e, por isso, não passíveis de questionamento ou análise. A procura pelo trabalho voluntário e a justificativa para ela estavam tão fortemente atreladas às suas experiências particulares que se deter sobre elas não pareceu um caminho profícuo para levantar questões sobre o *novo* voluntariado e o contexto de sua emergência. O que havia de instigante, por outro lado, era aquela semelhança de ideias que aproximava suas falas. Essa semelhança estava mais claramente relacionada às justificativas para o envolvimento no trabalho voluntário do que às motivações. Isto é, a motivação era descrita em termos de experiências e a defesa da importância desse envolvimento concentrava ideias de cidadania, participação, justiça, democracia, Estado, mudanças sociais. Era aí que o discurso institucional se fazia presente. Ele dava coerência e sentido determinados para a escolha por um trabalho voluntário, o que sugeriu que seu alcance estava além do estímulo, que lançava e fortalecia um conjunto de ideias que se referiam a outros elementos da sociedade, como alternativas de participação, Estado, solução de problemas sociais. Daí a separação entre o discurso institucional e a fala dos voluntários.

Faz-se necessário esclarecer o uso que será feito, neste trabalho, do que estamos chamando de discurso institucional. Já foi mencionada a visibilidade que o *novo* voluntariado alcançou nos anos 1990. Essa visibilidade se concretizava de maneiras variadas: personagens de telenovelas realizando trabalho voluntário, propagandas divulgando o trabalho de organizações sociais e os frutos alcançados, entrevistas com voluntários ilustres, reportagens e eventos explicando os conceitos do *novo* voluntariado e estimulando a adesão a ele. Nessa aparição pública, era enunciado e repetido um conjunto de ideias que deu ao *novo* voluntariado uma forma pela qual ele passou a ser reconhecido. Esse conjunto de ideias e os termos que o compõem é o que está sendo chamado de discurso institucional. A análise das relações que sustentaram publicamente a proposta de participação individual por meio do *novo* voluntariado evidencia o papel predominante do governo federal do período de 1994 a 2001 na formulação dessa fala homogênea acerca do *novo* trabalho voluntário (via Programa Voluntários, integrante do Comunidade Solidária), com o apoio de grupos de empresários e dos meios de comunicação. Um exemplo do esforço de elaboração dessa fala de divulgação pode ser visto na substituição de alguns termos utilizados inicialmente, por outros que, provavelmente, foram considerados mais adequados, em momento posterior. Uma pesquisa realizada pelo CEATS/USP[1] (Centro de Estudos em Administração do Terceiro Setor da Faculdade de Economia e Administração da USP) em parceria com o CIEE (Centro de Integração Empresa-Escola), GIFE (Grupo de Institutos, Fundações e Empresas) e o Centro de Educação Comunitá-

---

1. No espaço de tempo decorrido entre a realização da pesquisa (meados de 2000) e esta publicação (em 2010), o CEATS/USP teve seu nome alterado, chamando-se atualmente Centro de Empreendedorismo Social e Administração em Terceiro Setor.

ria para o Trabalho do SENAC-SP, a pedido do Programa Voluntários do Comunidade Solidária, diz:

> Nos depoimentos obtidos na pesquisa observa-se que a maioria das empresas não tem, *a priori*, uma preocupação em estabelecer uma relação social entre sua atuação social e suas estratégias negociais. Algumas empresas chegam a ressaltar que as ações sociais são totalmente desvinculadas do negócio, tanto nos aspectos administrativos quanto nos objetivos estratégicos[2] (grifos da autora).

Esse ponto de vista era divulgado em março de 2000. Um ano depois, em abril de 2001, uma publicação realizada pela parceria entre o mesmo Programa Voluntários e o Instituto Ethos de Empresas de Responsabilidade Social, que tem como objetivo orientar empresas na implementação de programas de voluntariado em seu interior, afirma:

> A principal justificativa mora no campo da estratégia dos negócios: a crença de que, no mundo de hoje, a responsabilidade social empresarial tornou-se uma vantagem competitiva.[3]

Em outro caso, a mudança é observada na descrição de uma nova cultura do voluntariado, por um de seus centros de divulgação. Um documento interno que registra a palestra de formação de voluntários[4] define o que chama de "voluntário moderno":

> Por mais que não queremos (*sic*) assumir uma posição piegas, há que se admitir que o voluntário tem dentro de si um compadecimento, um amor transbordante que precisa se materializar através da ação.[5]

---

2. Voluntariado Empresarial — Estratégias de Empresas no Brasil, pesquisa realizada pelo CEATS/USP sob orientação de Rosa Maria Fischer e Andrés Pablo Falconer, disponível em março de 2000 no *site* <www.rits.org.br>.

3. Como as Empresas podem implementar Programas de Voluntariado, Instituto Ethos e Programa Voluntários.

4. Voluntariado — palestra informativa. Primeiros Passos na Direção de um Trabalho Voluntário Construtivo, Desafiante e Agradável, versão preliminar, 1ª revisão, novembro, 1997.

5. Idem, p. 9.

E, na relação com a entidade em que vai atuar, são requisitos:

Adesão aos fins propostos, gosto pelo trabalho, criatividade, capacitação, desafio, amor.[6]

Nas palestras que se realizam até hoje, não há menção alguma a compadecimento ou amor. Está disponível em sites de divulgação dos centros de voluntariado[7] outro conjunto de ideias e definições. Em sua atuação, os valores do voluntário devem ser:

Perceber e apreciar a cultura, os valores dos outros; estabelecer comunicação, diálogo; ser persistente, responsável e disciplinado; ter entusiasmo; cooperar, trabalhar em equipe; receber e dar ao mesmo tempo; aprender e ensinar ao mesmo tempo; adquirir a formação e o treinamento necessários; estar disposto ao crescimento pessoal.[8]

Esse tipo de alteração foi se mostrando cada vez menos frequente, sugerindo que houve preocupação de formatar uma imagem do *novo* voluntariado, que cessou quando a formulação desejada foi alcançada. Esse ideário está descrito no primeiro capítulo deste trabalho. É a ele que se refere a expressão discurso institucional, aqui utilizada. "Institucional" não em referência a uma instituição específica, mas no sentido de uma fala repetida, consagrada e reconhecida como a fala que descreve, de forma correta e legítima, o que se chama de *novo* voluntariado. "Discurso", por sua vez, não deve remeter à ideia de que será realizada análise de discurso. Utilizamos o termo para fazer menção a esse conjunto de ideias que é acionado de forma imediata quando se fala em *novo* voluntariado e, principalmente, para reforçar o que consideramos importante reter, que é o esforço de elaboração de uma fala oficial sobre o voluntariado emergente, que estabelece coerência entre sua conceituação (a solidariedade renovada, o exercício da cidadania, uma nova oportunidade de ação e participação

---

6. Ibidem, p. 9.
7. <www.programavoluntarios.org.br>.
8. Disponível no *site* <www.programavoluntarios.org.br>, link: valores e atitudes.

de cada um nos rumos da sociedade), a explicação para seu surgimento e fortalecimento na sociedade (ineficiência do Estado, malogro das formas de participação passadas, necessidade de os indivíduos fazerem alguma coisa), a justificativa para sua importância (o *novo* voluntariado acompanha as novas formas de relacionamento entre Estado e sociedade, organiza e potencializa iniciativas individuais, acolhe o impulso cívico de participação e colaboração) e as possibilidades de mudança social (ele desperta a consciência para os problemas sociais, apreende e reproduz a criatividade dos indivíduos para sua solução, estimula a solidariedade transformadora).

Outra abertura que a pesquisa ofereceu foi o campo em que a questão seria construída. Estudar o *novo* voluntariado significava realizar análises sobre participação ou sobre a forma como os problemas sociais a que ele se dirigia estava sendo entendida e debatida publicamente? Houve uma tentativa, então, de traçar um caminho de pesquisa que abrangesse as duas discussões: descrever a construção do discurso institucional (aquele divulgado oficialmente, de parceria com o Estado, solidariedade, falência do Estado, colaboração) e identificar a maneira pela qual ele aparecia na fala de voluntários que tinham participado de movimentações ou organizações coletivas em momentos anteriores ao dos anos 1990. Em algumas entrevistas, voluntários que haviam sido militantes de partidos políticos e do movimento estudantil nos anos de 1970 e 1980 falavam de sua experiência anterior e atual dando-lhes coerência e continuidade. Diferentemente da ideia inicial, de que o trabalho voluntário era uma forma despolitizada de ação, os entrevistados que tiveram experiência de militância em organizações coletivas não viam nenhum tipo de ruptura entre os tipos de participação que haviam realizado no passado e o engajamento no trabalho voluntário. É interessante confrontar essa ideia com o próprio discurso institucional que, como veremos, atribui à novidade do trabalho voluntário de 1990 o fato de representar uma forma de participação que se diferencia daquela presente em outros tempos, marcada pela interpelação e reivindicação.

A impossibilidade de desenvolver as duas propostas (identificar a construção do discurso institucional e a maneira como ele aparecia na fala de voluntários que haviam tido experiência anterior de participação) aliada à percepção de que os *novos* voluntários acionavam o discurso institucional nos momentos de justificarem seu envolvimento, levaram à escolha do primeiro recorte: identificar o processo de construção do *novo* voluntariado. Esse recorte, por sua vez, sugeria que localizar a investigação no campo do tratamento e discussão dos problemas sociais (em detrimento do campo de questões relativas ao tema da participação social) era mais adequado, uma vez que, assim, o foco recaía sobre instituições e atores envolvidos no convite para o trabalho voluntário e não ao público a quem esse convite se destinava. Ao voltar-se para o processo de construção e divulgação do discurso e da imagem do *novo* voluntariado, a pesquisa lidaria com aquelas justificativas mais amplas para o engajamento voluntário, que enunciavam ideias sobre o Estado e seu papel, sobre a sociedade e as relações em seu interior, sobre as formas e lugares de entender e enfrentar problemas sociais.

Em função desse recorte, a continuidade do trabalho caracterizou-se pela prioridade dada às formas como o *novo* voluntariado aparecia publicamente. Foram colocadas em segundo plano, portanto, as entrevistas com os voluntários. Por essa razão, ao longo do trabalho, não haverá citações das entrevistas. Elas foram fundamentais para a delimitação e construção do problema da pesquisa; fazem parte do trabalho de investigação sobre o tema e compõem o conjunto de informações levantadas e que permitiram as reflexões sem as quais a questão não seria construída da forma como está apresentada aqui. O recorte mesmo que elas ajudaram a construir lançou luz sobre a necessidade de explorar documentos e publicações oriundas de instituições relacionadas ao tema, levando, em consequência, ao abandono da análise das falas sobre as motivações e experiências individuais dos voluntários.

Do ponto de vista do levantamento bibliográfico, a leitura de autores que trabalhavam com temas de participação social (literatura sobre os movimentos sociais, sobre instituições de organização como sindicatos ou sobre a formação de grupos organizados como mulheres, negros ou jovens) cedeu espaço para trabalhos que se dedicavam a definições ou análises do que seria a "questão social". A dificuldade em lidar com esse tema, dentro da perspectiva pretendida por este trabalho, foi determinante para a escolha do tratamento dado por Robert Castel (2001) ao assunto. Castel não a definiu pela forma como aparecia na realidade, mas pelo efeito que causa nas sociedades, independente do período histórico. Segundo Castel, a questão social se define pelo risco que determinado grupo passa a representar à coesão social. O incômodo gerado delimita o entendimento de determinada sociedade sobre o que seja a "questão social". Segundo esse entendimento, diz Castel, analisando o contexto europeu, a pobreza, por exemplo, nem sempre foi considerada uma questão social. Isso porque nem sempre ela representou esse risco. Esse entendimento era adequado à discussão que pretendíamos fazer, sobre como a questão social era discutida e tratada em outros contextos históricos, interesse suscitado pela percepção, citada há pouco, da existência, em outros momentos, de ações e relações apresentadas como novas pelo voluntariado de 1990. Poderíamos investigar o que se propunha, em épocas anteriores ao cenário recente do terceiro setor e do *novo* voluntariado, em relação à questão social, sem necessariamente ter de descrevê-la em detalhe.

As referências à leitura de Hannah Arendt e Rancière também foram reduzidas, na medida em que se tornavam mais necessárias as referências à literatura que se dedicava a pensar e descrever os acontecimentos e características históricas da área social brasileira. É preciso dizer, entretanto, que se as referências explícitas foram substituídas por outras e o trabalho desses autores subjaz as escolhas que moldaram a elaboração deste texto. Seguindo a trajetória da pesquisa, a essa altura, outra percepção sobre o tema já se havia evidenciado como possibilidade de contribuição para a caracterização do processo de construção do *novo* voluntariado: se, em trabalhos que descreviam ações e políticas sociais em períodos anteriores, a Igreja Católica era citada como presença importante, essa instituição não aparecia como uma das "parceiras" na construção do *novo* voluntariado. Ela surgia, quando muito, representada como a origem do voluntariado, uma origem ainda amadora e despreparada, embora bem-intencionada. A percepção do deslocamento sofrido por uma instituição com presença tradicional na área, como era o caso da Igreja Católica, apontou para a importância de questionar o que se apresentava de novo, também nas relações entre atores tradicionalmente envolvidos com questões sociais. Assim, a escolha do caminho para este trabalho foi definida. Mapear o campo de relações que se estabeleceu em torno do *novo* voluntariado: quem contribuiu em sua divulgação e sustentação? Quem se colocou contrário a ele? Por quais motivos? O que parecia estar em jogo? Como esses mesmos atores se relacionaram em torno de problemas sociais, em outros períodos? E, num segundo eixo, identificar os termos do discurso que definiam o *novo* voluntariado.

O mapeamento das relações estabelecidas em torno do *novo* voluntariado levou à identificação de uma estreita colaboração entre o governo federal e empresários. Estes estiveram em evidência com o discurso da responsabilidade social das empresas, estimulando em grande medida a realização de trabalho voluntário. Aquele foi o principal ponto a partir do qual se propagou o discurso do voluntariado. Por meio do Programa Voluntários, do Programa Comunidade Solidária, foram instalados Centros de Voluntariado em várias cidades do país, com suporte financeiro e apoio para organização, treinamento, construção e elaboração de um discurso homogêneo e bem definido. Houve, ainda, uma retaguarda construída, de apoios menos localizados institucionalmente, mas não menos importantes de meios de comunicação, personalidades, artistas, políticos. No lugar de crítica estiveram também políticos e intelectuais não identificados claramente com instituições determinadas, exceto os profissionais do Serviço Social. Seu lugar de crítica se fez mais visível principalmente por ocuparem um lugar institucional na estrutura estatal, que era o Conselho Nacional de Assistência Social (CNAS). Nos primeiros anos de funcionamento do Comunidade Solidária, o CNAS assumiu o papel de questionamento do discurso social no qual o *novo* voluntariado emergia. A Igreja Católica não aparecia claramente nesse cenário, ocupando posição ambígua: se, por um lado, fazia críticas à política social do governo federal, por outro não havia como negar a afinidade entre ideias religiosas e a defesa da solidariedade e doação a quem precisa, por esse governo. O governo, por sua vez, por meio de suas instituições voltadas para a área (especialmente as retratadas aqui, o Programa Comunidade Solidária e o Programa Voluntários) reconhecia a importância da presença da Igreja Católica nelas, mas evitava destacá-la a ponto de considerá-la "parceira" na divulgação de suas ideias, como as características do *novo* voluntariado. A questão sobre o que a teria levado a tal posicionamento levantou a indagação sobre como se posicionavam os outros atores presentes (Estado, empresários e profissionais do Serviço Social) no processo de construção do *novo* voluntariado, em outros momentos em que também foram propostas formas de entendimento e tratamento das questões sociais.

Dessa maneira foi que pareceu relevante incorporar a este texto o levantamento que estava sendo feito sobre as relações em torno das questões sociais em outros momentos. O segundo capítulo está dedicado a esse tema. Priorizando as relações entre Igreja Católica, empresários, profissionais da Assistência e Estado (porque as relações no campo do tratamento e políticas dedicadas aos problemas sociais envolvem esses atores), escolhemos as décadas de 1930 e os últimos anos do regime militar. Esses dois períodos foram escolhidos porque, primeiramente, no que diz respeito às relações em torno das questões sociais, apresentam configurações opostas entre si. Em 1930, o discurso vigente da colaboração entre todos os componentes da sociedade para a superação das desigualdades sociais colocava Igreja, empresários, profissionais da Assistência e Estado em relações estreitas e de aparente harmonia. Quando direitos sociais foram atrelados ao mundo do trabalho, uma dicotomia foi estabelecida no campo das garantias de assistência: de um lado, os trabalhadores gozavam do amparo legal oferecido pela legislação trabalhista; de outro, os não trabalhadores podiam contar apenas com a assistência privada, oferecida por instituições filantrópicas. A distinção entre o que é garantido por lei e o que é provido pela filantropia equivale à distinção entre o que é reconhecido como direito (cujo atendimento se justifica pelo reconhecimento estabelecido de sua legitimidade) e o que é resposta residual a demandas cuja legitimidade é passível de avaliação. Na medida em que uma demanda é garantida como direito, a responsabilidade por ela encontra respaldo numa instância que está além do âmbito exclusivamente individual, o mesmo valendo para o sentido inverso: o que não é garantido publicamente como direito diz respeito a assuntos e capacidades particulares e individuais. Assim é que, ao garantir direitos sociais aos trabalhadores, o governo de Getúlio Vargas contribuiu para a atribuição da responsabilidade pela situação de pobreza aos não trabalhadores, pois o atendimento das demandas provenientes dessa situação não foi formulado como direito, ficando relegado à filantropia. A coexistência de garantias sociais por meio legal e por meio de práticas filantrópicas é uma característica da área social que perdura até os dias atuais.

Existiam, também, nessa época, ações de empresários, embora ainda restritas a seus funcionários, característica possivelmente relacionada ao contexto daquele momento, se for considerado que houve a convocação dos industriais para a realização dessas ações, pelo governo de Getúlio Vargas, e que esse governo vinculou direitos sociais e trabalho entre si. A criação do SENAI, gerido pela Confederação Nacional das Indústrias, e as ideias de assistir os trabalhadores, oferecer-lhes formação, organizando as ações sob a orientação de uma instituição que representasse uma política empresarial de assistência, cujo principal formulador foi o industrial Roberto Simonsen, são exemplos importantes. Também para os profissionais do Serviço Social o mundo do trabalho tornou-se local de sua intervenção, ainda imbuída de sua origem católica. Paralelamente, religiosos e profissionais da Assistência também atuavam na vertente de atendimento filantrópico.

Os últimos anos do regime militar representaram situação oposta dessas relações: o endurecimento do regime levou ao isolamento de empresários, profissionais da Assistência e Igreja Católica uns dos outros no que dizia respeito a suas ações na área social, apesar de sua aproximação no que se referia à oposição à ditadura. Empresários já apresentavam preocupações em expandir as ações sociais para além das fábricas. Despertando interesse em outros países, o tema de uma atuação do empresariado, baseada em princípios de correção e colaboração com o desenvolvimento da sociedade, chegou ao Brasil por meio de empresários católicos e, apesar da semelhança com os termos do atual "empresário cidadão" (de formulação laica), a defesa de uma postura ética e de consciência social se fez mais pela aproximação com a doutrina social da Igreja Católica. A Igreja, por sua vez, fortaleceu sua vertente de ação social, destacando-se no cenário latino-americano como uma Igreja progressista, ao lado de suas práticas filantrópicas e orientações mais tradicionais. Para os profissionais da assistência, esse foi um momento de virada. Consolidando-se como campo de conhecimento, o Serviço Social passou a produzir questionamentos sobre o papel que seus profissionais assumiam, no cenário de reprodução das desigualdades sociais, e passou a elaborar concepções que fortaleceram o entendimento da Assistência Social como um direito, em detrimento de suas origens católicas e práticas de cunho assistencialista.[9] No que diz respeito ao Estado, seus investimentos eram na área de educação e saúde, aliando a discussão da questão social ao tema da segurança. Teve início, nesse período, a prática de convênios entre instituições sociais e o Estado para o atendimento a populações marginalizadas, forma de relacionamento que persiste até o momento atual. Os esforços de regulação das relações entre instituições de assistência e Estado para a prestação de serviços, por meio do Conselho Nacional de Serviço Social (CNSS, predecessor do CNAS), já vinham enfrentando dificuldades em períodos anteriores e sofreram interdições também nessa época, tendo início um marcado uso político da área social.

O breve olhar sobre esses momentos históricos se justificou pelas indicações que eles levantaram, de que o discurso institucional do *novo* voluntariado apresenta, como novas, ações e relações que já foram realizadas em outros momentos. O caráter de novidade, portanto, parece ser, ele mesmo, resultado da construção do discurso institucional. Apesar de o *novo* voluntariado repetir relações que parecem ser padrões no que diz respeito ao tratamento das questões sociais, ele apresenta-as como se representassem o início de um novo estilo de relacionamento entre Estado e sociedade civil. Os termos que levanta, de disposição e doação individual, também são bastante parecidos com argumentos e estímulos típicos da filantropia, abandonando ideais de universalidade de direitos, formas de organização coletiva e busca do poder público como regulador das relações

---

9. Nessa formulação estão as sementes do que será estabelecido na Lei Orgânica da Assistência Social, aprovada em 1993, segundo a qual o poder público (juntamente com órgãos dos quais também participam representantes da sociedade civil) deve desenvolver políticas de atendimento à população que não possui meios de prover, por si só, sua existência. É nesse sentido que está entendida a Assistência como direito.

sociais, assunto discutido no terceiro capítulo. Tudo isso é identificado, pelos atores alinhados com as ideias que compõem a imagem e a fala do *novo* voluntariado, como algo *velho*, que teve vigência em períodos anteriores, mas que não mais possui validade, pois não acompanhou as mudanças ocorridas na sociedade. Nesse sentido, a dicotomia "velho" *versus* "novo" que observamos no discurso institucional do *novo* voluntariado divide argumentos envolvidos em discussões realizadas em outras esferas, como a definição do que deve ser de responsabilidade do Estado ou qual deve ser a orientação de sua política econômica. Parece estar também aí a origem da configuração das relações entre os atores que focamos: os que defendem ideias identificadas com o que esses atores chamam de novo, moderno, estão em colaboração entre si. Os que apresentam críticas às propostas desses primeiros são qualificados, por eles, como atores que não compreenderam a mudança do contexto mundial, que se agarram a formas ultrapassadas de participação e de relacionamento, recusando-se à colaboração em nome de convicções que não cedem ao benefício comum. Assim, também pareceu importante determo-nos nos significados que são atribuídos aos termos do discurso, buscando-os a partir de sua localização nos debates daquele momento, nas relações entre os interlocutores.

Dessa forma, este trabalho trata da construção de um *novo* voluntariado, do ponto de vista do discurso que o apresenta publicamente e das relações que se travam ao seu redor e que colaboram ou se opõem à sua enunciação. Ele está dividido em três capítulos. O primeiro apresenta o objeto, bem como o contexto em que ele se localiza. Trata-se de uma apresentação rápida das principais ideias sobre terceiro setor e seus elementos, o *novo* voluntariado entre eles, permeada por algumas questões que podem ser interessantes para o estudo do tema. O segundo é o capítulo em que exploramos as relações entre os atores a cuja interação queremos dar atenção: Estado, Igreja Católica, profissionais da assistência e empresários. O capítulo final, como foi feito no segundo, busca identificar relações no cenário de emergência do *novo* trabalho voluntário, relacionando-o com os termos com os quais o discurso institucional trabalha (apresentados no primeiro capítulo).

As dificuldades encontradas e as escolhas feitas ao longo da pesquisa, brevemente descritas nesta apresentação, indicam a tentativa de delimitar não só um objeto, mas as questões que ele pode suscitar. É provável que as indagações possíveis não estejam claras nem totalmente levantadas neste trabalho. Por isso, este trabalho não está isolado nem se pretende final no olhar sobre o *novo* voluntariado ou sobre esse contexto repleto de velhas novidades. Deve ser visto como registro de um momento e o esforço de entendimento sobre ele. Esforço que se soma a outros que se dedicam a produzir perguntas num contexto cada vez mais preocupado apenas com as respostas.

I

Caracterizando o objeto: o *novo* voluntariado

Neste primeiro capítulo, será feita uma aproximação com aquilo que estamos chamando de *novo* voluntariado. Essa aproximação tem o terceiro setor como ponto de partida. Primeiramente, serão apresentados trabalhos já realizados e que desenvolveram tentativas de delimitá-lo, defini-lo ou descrevê-lo. Esses trabalhos — publicações produzidas por instituições do terceiro setor, pesquisas realizadas por centros de estudos sobre o tema, dissertações de mestrado, teses de doutorado — dedicam-se, em grande parte, a caracterizar organizações cujo crescimento (em número e visibilidade) ajuda a definir, também, as origens desse campo em que se dá sua atuação: as organizações não governamentais. Ao lado destas, está um grupo de entidades de origem específica: aquelas criadas dentro de empresas. Sua presença no terceiro setor como um tipo de organização que o caracteriza fortemente levou à necessidade de atenção a elas. A essa breve revisão, foram adicionadas informações quantitativas e relativas à legislação reguladora do campo das organizações sociais, como possibilidade alternativa de definição. Depois de focalizar as organizações não governamentais e as de origem empresarial, restou descrever a inserção estatal nesse terreno, o que foi feito por meio da apresentação das principais instituições do governo federal do primeiro mandato do presidente

Fernando Henrique Cardoso, claramente identificado e promotor do que defendia serem as virtudes do terceiro setor.

A aproximação pretendida chega ao ponto principal quando localiza, nesse campo, o estímulo ao trabalho voluntário. A exemplo do que foi feito com as organizações não governamentais, a identificação das principais instituições promotoras da ideia e do convite ao que apresentavam como *novo* voluntariado será acompanhada da descrição dos termos, conceitos e imagens que caracterizam o trabalho voluntário emergente na segunda parte da década de 1990. O objetivo deste capítulo é definir o objeto cuja construção é o cerne da questão desta pesquisa, por meio da apreensão dos principais termos e ideias atribuídos a ele pelas instâncias e atores que o apoiavam.

* * *

O terceiro setor e seus elementos

A emergência do *novo* voluntariado no cenário público nacional deu-se concomitantemente ao surgimento do que se convencionou chamar de terceiro setor. De limites difusos e origens pouco claras, é razoável supor que seu aparecimento tenha se dado e sustentado por uma rede de relações entre diversos atores, tal como supomos ter acontecido com o *novo* voluntariado. Sob essa denominação, estão organizações sociais que trabalham com objetivos de enfrentamento de problemas sociais: organizações não governamentais (ONGs), organizações locais ou associações, institutos e fundações criados dentro de empresas ou a partir de iniciativas individuais, antigas entidades de atuação filantrópica. Embora não nos possamos deter sobre o processo de surgimento do terceiro setor (nas peculiaridades que o tornam um objeto específico), é importante aproximarmo-nos dele, na medida em que partilha com o *novo* voluntariado algumas de suas formulações mais características, como a potencialidade de ação dos indivíduos, a celebração das virtudes de uma sociedade civil[1] forte e atuante e a relação de complementaridade estabelecida com o âmbito da atuação estatal, entre outras. É frequente a identificação do *novo* voluntariado como parte de um movimento de revigoramento da sociedade civil, expresso, por sua vez, pelo surgimento e fortalecimento do terceiro setor.

Considerando a bibliografia a respeito, a expressão terceiro setor designa um conjunto de organizações e as ações que elas realizam, cuja definição é possível a partir de um posicionamento sobre o que esse conjunto representa como fenômeno empírico. Ou seja, as definições sobre ele e os elementos que o compõem, na maior parte da literatura sobre o assunto, expressam posicionamentos de simpatia ou rejeição que são observáveis no campo mesmo do que se denomina terceiro setor: o espaço de atuação de organizações e indivíduos, sem vínculos com o Estado, voltado para o tratamento de problemas sociais. As primeiras publicações sobre o tema apontavam o fato de que os esforços sistematizados ao redor das ações e discursos dessas organizações vinham dos estudos e pesquisas realizados pelas próprias organizações, declaração que quase sempre sugeria a importância de análises feitas por outros atores e instituições, portadores de outra perspectiva, de outro olhar. Aos poucos, as dissertações e teses sobre o tema foram surgindo nas universidades, mas, em quantidade e grau variado, apresentavam, ainda, aquela tendência à opinião e ao posicionamento: o terceiro setor e o que estava relacionado a ele ora era retratado como sinal dos tempos, no sentido de figurar a transformação do campo das instituições sociais em mercado lucrativo para elas, ora como o redentor de uma sociedade sem energias ou utopias. Entre os extremos, trabalhos que se esforçam no sentido de levar à

---

1. Como poderá ser visto, a noção de sociedade civil é frequentemente utilizada por atores e instituições que defendem as características positivas do terceiro setor. Embora não haja conceituação precisa, é possível afirmar que a ideia é utilizada para fazer referência ao conjunto de indivíduos, organizados em instituições (como no caso das ONGs) ou não (no caso dos voluntários), que não ocupam nenhum cargo político ou da administração pública. Sugere essa forma de entendimento, por exemplo, o uso corrente da expressão "público não estatal" em referência ao terceiro setor, cujas diversas definições utilizam a ideia de sociedade civil. Mais adiante, o uso da expressão será trabalhado com maior detalhamento. No restante do trabalho, ela aparecerá, salvo observação em contrário, como elemento do discurso do terceiro setor e do *novo* voluntariado.

frente a difícil tarefa de levantar informações e fazer análise delas, tanto com formulações do tipo "positivo, mas com problemas", quanto do tipo "com problemas, mas positivo"[2]. Apontar essa característica não significa anunciar que, finalmente, com este trabalho, nasce o tratamento que consegue escapar às armadilhas da imprecisão, fruto de falhas na objetividade do pesquisador. Parece importante destacar esse ponto comum entre os trabalhos, por sua aparente determinação sobre as escolhas que marcam o tratamento dado ao objeto. Em outras palavras, a forma como diversos trabalhos abordam questões relacionadas ao terceiro setor frequentemente tem relação com o posicionamento do autor (e às vezes da instituição a que ele pertence) diante não de um terceiro setor-objeto de investigação, mas como elemento da realidade. É possível contra-argumentar, ainda, que a produção de conhecimento é orientada por trajetórias, experiências ou percepções pessoais a respeito do objeto de investigação, o que, portanto, não é exclusividade desse objeto. Levantar a questão, no entanto, justifica-se pelo fato de que as disputas em torno dele e em seu interior são foco de interesse deste trabalho. Se, para sua constituição, o terceiro setor

---

2. O trabalho de Montaño (2002), publicação de sua tese de doutorado, é exemplo de crítica contumaz ao terceiro setor e ao debate sobre as questões sociais que, segundo o autor, se consolida com ele. De forma distinta, a tese de doutorado de Coelho (1998) apresenta o terceiro setor brasileiro como espaço para a discussão e tratamento das questões sociais, cujas possibilidades são descritas como oportunidades — a serem aproveitadas — de inovação e aprimoramento da área social. Sobre o Comunidade Solidária, a mesma oposição de tratamento pode ser exemplificada pelos trabalhos de Peres (2003) e de Silva et alii (2001). Nas páginas iniciais da dissertação da primeira, o anúncio de que o enfoque dado à análise do Programa Comunidade Solidária foi determinado pela escolha de investigar o que ele oferece de positivo, rejeitando o que a autora acredita ser comumente realizado como crítica fácil ou mal fundamentada. Nas discussões sistematizadas e organizadas por Silva, o entendimento oposto fica evidente no subtítulo do trabalho: "o não enfrentamento da pobreza no Brasil". No trabalho de Peres, o subtítulo é: "ensaio para uma nova ordem política". Em ambos, as descrições referem-se ao Comunidade Solidária. Finalmente, agora em relação ao trabalho voluntário, mais especificamente, na dissertação de mestrado de Medeiros (2002), o voluntariado que emerge nos anos de 1990 é apresentado como uma forma de ação social que negligencia o tratamento dos direitos sociais daqueles que são alvo da atividade voluntária. Em perspectiva diversa, aparecem as discussões organizadas por Perez e Junqueira (2002). Nelas, o trabalho voluntário é tratado como possibilidade de intervenção na realidade social, pelos adeptos do voluntariado, e, portanto, como ação que deve ser defendida e ampliada. A tese de Landim (1993) e a dissertação de Falconer (1999) são exemplos de trabalhos cujo esforço se caracteriza mais pela tentativa de descrever e delimitar o que se chama genericamente de terceiro setor ou campo das organizações não-governamentais. Outros trabalhos, bem como a perspectiva em que se desenvolvem, estão citados ao longo do texto.

contou com um jogo de relações entre diferentes atores, essas relações se refletem na produção intelectual a seu respeito. O aspecto mais evidente no que concerne às escolhas que definem a abordagem do objeto tem relação com a investigação a respeito das origens do terceiro setor, que se faz pela busca das origens de sua principal manifestação: as organizações não governamentais (ONGs).

Na bibliografia sobre o assunto, parece haver duas linhas de ancestralidade das ONGs. Uma destaca, como organizações originárias, aquelas dedicadas aos trabalhos de assistência, entidades filantrópicas que passaram por um desenvolvimento profissionalizante que as fez chegar aos tempos atuais, quando passaram a ser assim chamadas. Outra as destaca como ponto inicial de um desenvolvimento de outro tipo, as organizações que se originaram com a função de apoio e assessoria aos movimentos populares dos anos de 1970 e 1980. Optar por uma ou outra linha define o que se vai apresentar como qualidades e o que se vai construir como crítica em relação às organizações não governamentais.

Doimo (1995) e Gohn (1995, 1997) são autoras que resgatam as histórias dos movimentos e neles identificam a presença dessas organizações de apoio que, a partir de dado momento, passaram a buscar recursos e atuar em projetos próprios. Nesses trabalhos, essas organizações não se definem por um passado assistencial. São tidas como um outro estágio de uma iniciativa de envolvimento em disputas, em nome de igualdade de direitos e de uma sociedade mais justa. Fernandes (2000) vê as ONGs brasileiras surgindo nos anos 1970, ligadas a tipos de organizações de cooperação internacional, e, em razão do cenário de disputa ideológica, com um caráter marcadamente político, na maioria das vezes, de esquerda. As ONGs são elementos centrais do terceiro setor, caracterizando-se pelos mesmos traços que constroem sua definição mais usual: a utilização de recursos privados para fins públicos. Nessa forma de compreensão, o Estado é considerado o primeiro setor, que utiliza recursos públicos para fins públicos. O segundo é o mercado, que utiliza recursos privados para fins privados. O terceiro, híbrido, foi sintetizado na expressão "privado, porém público", de Fernandes (1994), em uma das primeiras publicações sobre o tema, no Brasil.

Leilah Landim, outra autora que se dedica ao estudo de personagens do terceiro setor, como as ONGs e indivíduos que realizam trabalho voluntário, escreveu dois trabalhos em que traça, ora um (ONGs surgem com os movimentos sociais), ora outro caminho (ONGs existem desde que existem instituições de assistência), sugerindo que a história da formação desse campo das ONGs reúne atores, instituições e trajetórias individuais bastante diversos e reforçando a ideia de que, dependendo do recorte adotado, os resultados produzidos são distintos. Sua tese de doutorado focalizou as ONGs, definidas pela autora como organizações de "assessoria ao movimento popular" (Landim, 1993a, p. 13), descrevendo o processo pelo qual essas organizações se autonomizaram dos movimentos em função dos quais, inicialmente, justificavam seus trabalhos e existência. Por sua vez, relatório de pesquisa, com data de publicação do mesmo ano, segue o rastro das instituições tradicionais de assistência, como origem das ONGs, alertando para os riscos envolvidos em sua empreitada, uma vez que admite tratar-se de "releitura a partir de uma 'invenção' atual" (Landim, 1993b, p. 12). Ou seja, a autora parte das instituições de assistência existentes desde o Brasil colônia, destaca o tipo de atuação que tinham e as relaciona às instituições que chama "sem fins lucrativos", formulação atual para designar o tipo de organizações sociais em questão. Sua reconstrução destaca, por um lado, a inevitabilidade de considerar a importância da Igreja Católica na construção e consolidação da forma de ações de assistência no Brasil: desde as irmandades e confrarias coloniais, responsáveis pelos asilos, manicômios e hospitais, passando por seu peso fundamental nas instituições de ensino e nas relações com o Estado, até sua renovação nos anos 1960 e 1970, representada por correntes como a Teologia da Libertação ou organizações como a Comissão Pastoral da Terra, o Conselho Indigenista Missionário e as Comunidades Eclesiais de Base. Por outro lado, destaca o Estado como presença marcante, quase sempre de forma negativa: centralizadora ou patrimonialista, na colônia; corporativista, na República Velha, autoritária, nos anos de ditadura, e, o que lhe parece característica duradoura, ineficiente. A persistente articulação entre Estado e Igreja, num contexto marcado, segundo sua descrição, por práticas políticas clientelistas e de valorização de uma solidariedade personalizada tem sido determinante nas formas assumidas pelas organizações de assistência.

O trabalho de Simone Coelho, que faz uma comparação entre os terceiros setores brasileiro e norte-americano, compartilha dessa linha de tratamento (que considera o terceiro setor no Brasil existente desde que existem instituições filantrópicas de assistência). Avalia como equivocada a consideração de que o terceiro setor nacional tenha se constituído, exclusivamente, por conta de influências de organizações internacionais. Entretanto, dá exemplo bastante sugestivo para indicar o quão desconhecida era essa expressão (e, provavelmente ao que ela se referia), no Brasil, no início da década de 1990: em 1991, a Secretaria Estadual de Educação de São Paulo firmara um acordo com o Banco Mundial, visando investir em melhorias no ensino básico. Uma das cláusulas do contrato para o repasse de recursos requeria a inclusão de organizações não governamentais. Três anos depois, em 1994, o repasse ainda não tinha sido realizado porque não havia conhecimento suficiente sobre o número de organizações dessa espécie ou o tipo de trabalho desenvolvido por elas. Podemos chamar a atenção para dois fatores interessantes, nesse exemplo: o primeiro é a própria determinação do Banco Mundial, que, em "sua política de investimentos, induzia os governos a prestarem mais atenção a essas entidades e buscar sua parceria" (Coelho, 1998, p. 3). O segundo é o que permite à autora afirmar que o terceiro setor brasileiro já estava presente antes de determinações como essa, presença configurada pela existência de "associações e organizações que praticam a caridade e a filantropia" (idem, p. 8). Conforme esse relato, as entidades não compareceram quando convocadas sob o título de ONGs, pois não se reconheceram nessa denominação. Essa ideia suscita questão interessante, que não parece caminhar na mesma direção da tese da autora. Quando traça uma linha de continuidade entre a atuação de organizações que prestavam algum tipo de serviço de assistência e as organizações que surgiram sob a marca do terceiro setor, é apontado um fato, não explorado, entretanto: o de que essa nova forma de nomear atuações já existentes, provavelmente, tenha alterado o modo como essas instituições dão significado à sua prática, como se relacionam com outras instituições e, talvez, seu próprio funcionamento. Ou o fato de fazerem parte do conjunto das "instituições de caridade" ou das "organizações não governamentais" não produz nenhum impacto na maneira como se apresentam ou justificam seu trabalho?

Landim (1993a) também explora essa questão ao estudar o processo pelo qual aquelas organizações originadas do apoio aos movimentos populares das décadas de 1970 e 1980 "viraram ONGs". Entretanto, opera de maneira distinta à que identificamos no relato de Coelho: enquanto esta descreve uma situação em que organizações sociais não se identificaram com a denominação que pareciam não conhecer, Landim mostra organizações que trabalharam para adquirirem institucionalmente o formato do que se estava rascunhando como "ser ONG".[3] Para isso, recorreu à história da FASE (Federação dos Órgãos de Assistência Social e Educacional), cujo processo de mudança interna diferenciou em três etapas: a primeira, chamada de *"puramente assistencialista"*; a segunda, de *"promoção social"*, e a terceira, de *"educação popular"* (Landim, 1993a, p. 86). De origem religiosa, nos primeiros anos de sua formação na década de 1960 (ela foi fundada em 1961), a organização atuava prestando serviços de assistência nas regiões pauperizadas do Rio de Janeiro. A etapa da promoção social é caracterizada pela produção de trabalhos baseados nas concepções de desenvolvimento comunitário, objetivo que a autora e seus entrevistados, atuantes na fase seguinte, consideram relevante, ainda que despolitizado. A terceira etapa teve início com a aproximação da FASE dos trabalhos de assessoria e apoio aos movimentos populares das décadas de 1970 e 1980. A partir da definição de ONG que adota, configurada pela organização de assessoria e apoio aos movimentos, nessa terceira etapa, identifica modificações que sugerem a caracterização do que se entende, hoje, por organizações não governamentais: a FASE começou a definir um projeto próprio, traçou objetivos com base em seus próprios princípios e experiência, buscou recursos para dar continuidade às ações que começou a

---

3. É possível supor que os dois estudos registrem momentos diferentes de um mesmo processo. De início, o termo ONG não encontrava eco na realidade, mas, num segundo momento, as organizações buscaram — ou não — identificar-se com as características que definiam, ainda que vagamente, o que era "ser ONG".

planejar de forma mais autônoma. Após o encontro da ECO 92,[4] no Rio de Janeiro, foi marcante a popularização do termo ONG, para o que se desenvolveria nos anos seguintes[5].

O fato é que, resultado ou não de sua constituição, o que se denomina hoje terceiro setor abarca uma pluralidade de ações e atores cuja diversidade, segundo seus estudiosos, embora apareça como um dificultador para sua definição, é também motivo para sua defesa como espaço concreto, prova de sua vocação democrática e da potencialidade de suas chances de ser bem-sucedido em seus objetivos voltados para o bem comum.

Lester Salamon, cientista social norte-americano e ícone das pesquisas e do entusiasmo pelo terceiro setor (que fala da necessidade de conhecer o que há de comum em meio a essa diversidade em termos de "um só amor" sob "muitos nomes") organiza a discussão indicando três pontos que correspondem, segundo ele, às três faces que o terceiro setor possui: sua existência como ideia, como realidade e como ideologia. As descrições apresentadas em relação à primeira e à última são bastante semelhantes ao que apontamos há pouco como uma tendência opinativa de análise: "como ideia", o terceiro setor é *"um conjunto de instituições que encarnam os valores de solidariedade e os valores da iniciativa individual em prol do bem público"* (Salamon, 2000, p. 92, grifos do autor); "como ideologia", a definição ganha mais nuances e abre-se a críticas. O autor chama-as de mitos[6], numa sutil desqualificação das objeções, tratando-

---

4. A ECO 92 foi um conjunto de eventos ligados à United Nations Conference on Ecology and Development — UNCED — (para alguns, segundo Landim, não ligados, mas paralelos à UNCED), também denominada "Fórum Global" ou "Conferência da Sociedade Civil Mundial". Após seu término, formou-se o "Fórum Brasileiro de ONGs e Movimentos Sociais para o Meio Ambiente e o Desenvolvimento", dando continuidade à articulação que se iniciou naquele evento.

5. A tese de doutorado de Landim, mencionada nesse parágrafo, parece menos conhecida e citada nas obras sobre o terceiro setor ou ONGs, do que outras que se arriscam a definições normativas do tipo *"o que é"* terceiro setor. No entanto, seu trabalho traz uma narrativa de fatos que ajuda a entender a emergência desse setor como um acontecimento em que se somam fatores de várias naturezas. Além do caso da FASE, acompanha uma movimentação mais ampla e difusa, que contribuiu para a consolidação dos processos que identifica naquela instituição de maneira particular.

6. Os mitos apresentados são quatro: 1) o da incompetência das organizações; 2) o do voluntarismo, segundo o qual o trabalho voluntário deveria sustentar o setor por ser uma forma "mais pura" de trabalho; 3) o da virtude pura, que define as organizações como genuínas portadoras de propósitos

-as no sentido de algo que se reproduz, se pode entender, a partir de uma origem desconhecida ou não comprovada e que se perpetua no tempo sem necessariamente se relacionar à realidade e, muito provavelmente, apartada da verdade.

A apresentação da face do terceiro setor "como realidade" é interessante por seu caráter descritivo, informativo, muito pouco presente nas reflexões sobre o tema. Ainda que este trabalho não vá seguir essa perspectiva, vale a pena citá-la por duas razões. A primeira é que sua estruturação esquemática vem juntar-se à nossa discussão, no sentido de mostrar a necessidade de construir um outro modo de abordar a questão, não tão afirmativa, tão isenta de questionamentos ou interrogações. A segunda, e talvez mais importante, do ponto de vista do conteúdo do debate na área, diz respeito ao mérito de diferenciar as dimensões em que defesas e ataques se situam e de onde colhem seus argumentos.

A rigidez do esquema de Salamon é perniciosa pela separação total que pretende estabelecer entre o que chama de uso ideológico do terceiro setor e "o que ele é", ou o estatuto de verdade que atribui aos números, negligenciando o fato de que números também são dados à leitura e ao questionamento de como foram produzidos. Entretanto, também não é o objetivo aqui acusar os usos de argumentos e discursos. O fato de serem argumentos e discursos de atores que fazem parte do campo em discussão (muitos deles elaborados e tornados públicos no momento de sua consolidação como campo) aconselha-nos não a atestar ou não sua validade ou consistência, e sim a tratá-los como documentos, registros de suas posições no campo, "como realidade". Há verdade, no entanto, na afirmação de Salamon a respeito da pouca consideração de informações que nos possibilitem reconhecer sobre o que se está falando quando se fala de terceiro setor e suas instituições.

---

públicos e 4) o que chama de mito da imaculada conceição, que toma a filantropia e o voluntariado como fenômenos novos e passíveis de reprodução por si mesmos. Respondendo a cada um deles, Salamon afirma que: 1) as organizações já foram menos eficientes e agora demonstram resultados positivos; 2) que o terceiro setor está aberto e emprega grande número de profissionais; 3) que essas organizações apresentam fragilidades e enfrentam dificuldades como quaisquer outras e 4) o terceiro setor não deseja inventar estruturas sociais, mas melhorar as antigas (Salamon, 2000).

Trabalhamos com a ideia de que quando se fala em terceiro setor, é acionado um conjunto de termos e noções, de modo a defini-lo. A repetição da vinculação desses termos e noções com o terceiro setor foi responsável por esse reconhecimento. A ideia que resulta dessa identificação, basicamente, é a de que está em formação uma nova maneira de enfrentar os problemas que afligem a sociedade. Os problemas são os mais variados possíveis, embora aqui nos importem as ações que se definem pelo combate à pobreza e à desigualdade social. A forma está na *parceria* entre Estado e organizações da *sociedade civil*; estas agora estão *modernizadas* e dotadas de criatividade, conhecimento técnico, capacidade de gestão e planejamento e de noções de *cidadania*, quando comparadas a um passado filantrópico-assistencialista, que se caracterizava pelo atendimento amador e desorganizado, ao público a que se destinava. A justificativa para essa relação está, de um lado, nas qualidades das organizações e, de outro, nas demonstrações históricas, pelo Estado, de sua incapacidade para lidar sozinho com os problemas sociais. O diagnóstico feito a esse respeito é o de esgotamento de um modelo. O Estado de Bem-Estar Social,[7] chegado a seu fim, deveria ser substituído por um outro tipo de Estado, mais eficiente, mais flexível e capaz de aprender a sê-lo, olhando para as experiências criativas levadas a cabo pela sociedade civil. Ideias como a da "evidente crise de um modelo de governo, mais conhecido como welfare state — no qual se procurava responder com eficiência e eficácia às necessidades e anseios de uma sociedade em constante mudança (...)" (Coelho, 1998, p. 12), a de que "cabe ao governo garantir os direitos essenciais e universais dos cidadãos", mas que "isso, no entanto, não é suficiente em países como o nosso" (Cardoso, 2000, p. 10) ou, ainda, a de que "bens e serviços públicos resultem não apenas da atuação do Estado, mas também

---

7. Na fala dos defensores do terceiro setor e, portanto, da necessidade de modernizar o Estado, o Estado de Bem-Estar Social, embora não definido conceitualmente, recebe definição implícita, por meio da contraposição que representa, nessa fala, de uma ideia de Estado competente, parceiro da sociedade civil. São afins as ideias de parceria e aprendizagem com a sociedade civil, agilidade e resultados, sempre em oposição a outro conjunto de ideias, que falam de um Estado centralizador e paternalista, burocrático, dispendioso e ineficiente. O Estado de Bem-Estar é caracterizado, assim, como aquele que se esgotou, que prometia garantias que demonstrou não ser capaz de prover. Muitas falas citadas neste trabalho ajudam a descrever essa frequente caracterização.

de uma formidável multiplicação de iniciativas particulares" (Fernandes, 2000, p. 29) são recorrentes em trabalhos que se debruçam sobre o tema.[8]

A decretação da falência ou, pelo menos, das limitações das capacidades do Estado não deve ter sofrido muita resistência, num contexto em que dificuldades sociais poderiam facilmente assumir o lugar de prova real do que era enunciado. A crítica feita não era a um governo ou a uma forma de governar, mas tratava-se da colocação em xeque do próprio Estado, de sua capacidade de cumprir a função de arbitrar disputas sociais, regular as relações e garantir a busca por meios de promover formas justas de vida em sociedade, responsabilizando-se por isso. Os atores alinhados com essas ideias rejeitam a crítica que recebem, de que isso significaria desresponsabilizar o Estado. O argumento para respondê-la é o de que Estado e sociedade civil teriam, cada um, seu próprio papel a desempenhar, a partir das qualidades de cada parte. A sociedade civil, por meio de suas organizações ou da soma de atuações individuais, seria a executora e o Estado articulador dessas iniciativas: "Estamos aprendendo, governo e sociedade, a pensar e agir juntos, a identificar o que cada um faz melhor, sem que isso implique confusão de papéis ou abdicação da autonomia e responsabilidade inerente a cada parceiro" (Cardoso, 2000, p. 9).

No discurso e na prática do terceiro setor existe, também, algo de muito pragmático. Trata-se de um modo de enunciar seus pontos de vista e expor seus resultados como se representassem um momento de refundação da ação social, em que a postura de crítica destrutiva é substituída por uma postura pró-ativa, o discurso inócuo pela ação eficiente, a "problemática" pela "solucionática" (Ioschpe, 2000, p. V). Embora a ênfase sobre a importância e as justificativas em relação a essas substituições sejam variadas, e os próprios agentes reivindiquem distinções entre si a partir

---

8. A justaposição de citações tem o efeito de produzir uma afirmação com imprecisões pelo uso indistinto das noções de "Estado" e de "governo". Apesar disso, optamos por manter as citações, como forma de afirmar a recorrência do assunto em diferentes autores: o papel da sociedade civil de partícipe na promoção de soluções de problemas sociais, por instâncias públicas, pelo fato de não poderem resolvê-los sem essa colaboração. O poder público é designado, de forma variada, tanto como "Estado" quanto como "governo".

dessas diferenças[9], não há como negar que seja uma característica dessas organizações o destaque dado ao aperfeiçoamento em suas capacidades de planejamento, bom gerenciamento de recursos e avaliação dos processos, resultados e impactos. Essas habilidades frequentemente aparecem reforçadas e reforçando a potencialidade da sociedade civil, defrontando-se, por sua vez, com o esgotamento do Estado. Este é apresentado como pesado, enquanto aquelas são vistas como racionais; este é burocrático, aquelas são eficientes; este é lento, aquelas são ágeis.

Fazendo uma revisão dos usos mais frequentes da expressão *sociedade civil*, Costa (1997) mostra como, nos anos 1990, ela apareceu identificada com o espaço de atuação das organizações não governamentais. Os anos de ditadura militar fizeram com que os opositores do regime autoritário a introduzissem de maneira contundente, tornando-a muito mais um recurso de estratégia política do que instrumento teórico-analítico. Seu significado estava ligado, então, a um projeto civil de oposição ao estado militar, que parecia unitário. Entretanto, com o processo de democratização em estágio avançado, o que parecia ser uma unidade passou a mostrar fissuras internas. Eram diversos os interesses que compunham a sociedade civil: dos sindicatos, dos movimentos negro, feminista e outros, dos empresários etc. Entra em jogo, então, a definição de sociedade civil e Costa enumera os pontos que considera mais importantes para descrever em que contexto essa redefinição se desenvolveu: primeiro, algo que ele chama de "aceitação social da crítica neoliberal" ao Estado intervencionista, que colocou a sociedade civil em contraste e destaque em relação ao Estado e ao mercado; segundo, a emergência das ONGs, o que fortaleceu a ideia de sociedade civil como uma terceira possibilidade e, finalmente, as frustrações com a política convencional,

---

9. A diferença reivindicada, geralmente por organizações que atuaram nos movimentos populares dos anos 1970 e 1980, tem a ver com posicionamentos em relação à presença do tema dos direitos, à necessidade de superar o assistencialismo e o amadorismo, a tomadas de posições políticas e à manutenção de um ponto de vista crítico sobre os problemas sociais e a atuação das organizações, por exemplo. O reconhecimento dessa diferença, por sua vez, parece ter forte relação com a figura que dirige, preside ou fala em nome da organização. Em outras palavras, o reconhecimento da trajetória pessoal de quem atribui determinadas características à organização que representa tende a lastrear o reconhecimento da distinção requerida por ela.

cujo efeito foi colocar em oposição "políticos corruptos" e "sociedade civil virtuosa". A conjunção descrita pelo autor ajuda-nos a levantar elementos relacionados à ideia da construção de um terceiro setor com sua série de princípios e propostas, entre as quais a de valorização do trabalho voluntário.

Costa defende a validade da categoria *sociedade civil* por sua adequação para dar conta de uma parte do conjunto dos atores sociais que mantêm seu interesse em intervir nas decisões ou encaminhamentos dados aos problemas pela esfera estatal, mas não querem ser associados nem à participação partidária, nem à estrutura do Estado. Realmente, é preciso considerar que tipo de participação está posta aí e quem são esses atores, principalmente quando se considera o fato de que, ao longo de sua história, a forte presença do Estado brasileiro na organização dos interesses sociais acabou por marcá-lo como definidor de posicionamentos de diferentes atores[10], fato também observado por Costa. O que sua argumentação oferece, no entanto, é a chance de visualizar o quanto o emprego da noção de sociedade civil como categoria analítica sofreu esgarçamento de significado por seu uso exacerbado como categoria política. Os pontos que descrevem o contexto de sua redefinição — a desilusão com a política partidário-estatal, a proliferação de ONGs e a rejeição à possibilidade de um Estado promotor do bem-estar — apresentam grande afinidade com ideias centrais do discurso do terceiro setor e, por extensão, voluntário, como as de ineficiência do Estado e, consequentemente, de parceria e protagonismo, individual ou social.

Assim sendo, se, por um lado, esses discursos do terceiro setor (e, como veremos, também do voluntariado, pela afinidade que apresentam entre si) se vinculam a contextos e significados de um passado recente,

---

10. Focalizando especialmente a ditadura do Estado Novo, de 1937 a 1945, Eli Diniz explicita essa ideia a partir da exacerbação da determinação estatal nesse período: "No decorrer do tempo, a estrutura corporativa transformou-se na via preponderante de incorporação política dos setores empresariais e operários. A constituição desses setores como atores políticos processou-se por meio do intercâmbio com o Estado, dotado de fortes instrumentos de cooptação. Desta forma, nenhum dos atores básicos da ordem industrial formou sua identidade coletiva através da mediação dos partidos políticos. O conflito de interesses seria, portanto, canalizado diretamente para o interior do Estado" (Diniz, 1992, p. 36).

por outro lado, não só os capturam sob novas roupagens, mas também acolhem percepções reais, o que confere mais força às ressignificações que operam. Em outras palavras, quando esse novo conjunto de ideias é posto como o passo seguinte da movimentação social dos anos anteriores, mobiliza aqueles valores de participação e proposições para a sociedade, ainda que participação e percepções sejam agora diversas do que foram, pois é outro o momento, outra a disputa.[11] Essa é a ressignificação que passa desapercebida, como se se tratasse de evolução linear nas formas de intervir na discussão e decisão públicas. E é por meio dessa ressignificação que questões atuais são incorporadas e funcionam como argumento positivo, na medida em que reverberam debates contemporâneos. Assim, é possível que a descrença em espaços institucionalizados de participação política, por exemplo, encontre abrigo na possibilidade de participação genuína numa sociedade civil independente, embora, agora, a sociedade civil seja o espaço de trânsito de outras instituições, de circulação de outros discursos, de ações de outro tipo, que nada, ou pouco, têm a ver com o seu significado de anos atrás.

Fazem parte, ainda, desse contexto, as fundações e institutos originados ou ligados a organizações empresariais. Forma-se, com elas, uma porção particular, embora não necessariamente isolada, nesse terreno mais amplo do terceiro setor.

---

11. É possível citar um exemplo desse tipo de operação, ainda que em outro nível, o de produção de conhecimento. Falconer (1999), preparando o campo em que desenvolverá sua análise sobre as potencialidades do terceiro setor, tema de sua dissertação de mestrado em Administração, coloca na mesma linha a criação de conselhos paritários e setoriais e os programas de reforma do Estado e de estímulo ao voluntariado; a promulgação de leis como o Estatuto da Criança e do Adolescente (ECA) ou a Lei Orgânica de Assistência Social (LOAS) e os projetos que resultaram na lei das Organizações da Sociedade Civil de Interesse Público (OSCIP) e naquela que regulamenta o trabalho voluntário. Os conselhos, o ECA ou a LOAS são resultado dos movimentos populares em diferentes áreas, nas décadas de 1970 e 1980, cujas mobilizações e discussões tiveram como momento culminante a promulgação da Constituição de 1988. A reforma de Estado, o voluntariado e a lei que o regulamenta, ao lado da lei das OSCIPs, possuem história diversa e fazem parte de um momento também bastante diferente; diferenças que, em alguma medida, também são objeto deste nosso trabalho. É difícil colocar todos esses acontecimentos e leis na perspectiva de um "chamado à participação (...) manifestado através de diversas ações do poder público" ou "leis e ações do Governo Federal que alteram significativamente a relação entre o Estado e a sociedade, estimulando, ao menos formalmente, a participação" (Falconer, 1999, p. 7).

Instituições de origem empresarial

A participação das fundações e institutos de origem empresarial na construção do chamado terceiro setor certamente contribuiu bastante para as primeiras definições e impressões desenvolvidas sobre ele, em meados da década de 1990. Apesar de já estarem em curso ações de empresários ou empresas que, como no caso das ONGs, também poderiam ter sido vistas e apresentadas como atuações passadas em relação às quais as organizações recentes representariam um avanço, a entrada de grupos empresariais no campo das ações nomeadas como sendo de resolução de problemas sociais deu-se quase que exclusivamente como novidade; nenhuma tradição a esse respeito era mencionada. Talvez para se diferenciarem das ações já instituídas, talvez para se diferenciarem de seus concorrentes comerciais, as fundações e institutos de empresas carregavam os tons de seu discurso sobre a existência de uma nova fase no âmbito das ações sociais. O espírito prático e as vantagens derivadas do domínio das técnicas administrativas, acompanhamento e controle eram não só familiares às empresas que defendiam essa nova postura, como reconhecidas como parte do *métier* desse grupo.

A visibilidade atual, contrastada ao pouco conhecimento público em anos passados, e a prática organizada, em detrimento da dispersão anterior, são características que, do ponto de vista dessas organizações, não parecem merecer esforço de destaque. O contrário acontece com expressões e termos que delimitam de onde se fala, que caracterizam quem fala e que enfatizam a ideia do ineditismo. Isto é, na fala das instituições de origem empresarial estão presentes termos que reforçam a ideia de que não se trata de um engajamento qualquer, mas de ações de grupos e empresas (entre outras, noções como *cidadania corporativa* ou *empresários cidadãos*) que têm clareza dos próprios objetivos e do que deve ser feito para atingi-los (ênfase na profissionalização das ações, na demonstração dos resultados), que marcam um posicionamento moderno e consciente relativamente aos problemas sociais (sintetizado na ideia de *responsabilidade social das empresas*). Foi preservada a afinidade entre o enunciado do terceiro setor, de maneira geral, e o das organizações ligadas a grupos empresariais, de maneira específica, ao mesmo tempo que se criou uma particularidade de ideias e interlocuções, tendentes a adaptar-se ao convívio com conceitos peculiares à lógica do mercado em que estão inseridos. Nesta medida, tomada de maneira geral, a fala do terceiro setor trabalha com ideias de sociedade, indivíduo e Estado. Os institutos de origem empresarial falam mais em comunidade, funcionários, empresa. No primeiro caso, o indivíduo é o agente capaz de efetivar, na realidade, o que a parceria Estado/sociedade civil teria como potência: a transformação social. No segundo, a transformação social também está presente, mas a formulação enfatiza a ideia de o funcionário ser o elo entre a empresa e a comunidade em que ela está situada, uma vez que "(...) ao tornar a comunidade um lugar melhor para viver, o empresariado está fazendo com que seja também um lugar melhor para se fazer negócios".[12] Da mesma forma, a solidariedade ou a sociedade civil organizada deram lugar à responsabilidade social das empresas ou à empresa cidadã.

> Responsabilidade social nada mais é que um comportamento responsável socialmente. Um comportamento calçado em valores que calcam (sic) todas as relações: políticas, com outras empresas, com os funcionários, com fornecedores, clientes, concorrentes, acionistas, investidores e meio ambiente.[13]

Assim, empresa cidadã é aquela que tem responsabilidade social. Ainda que pareça uma definição tautológica, esses são os termos utilizados com maior frequência e, de fato, uns são definidos em relação aos outros.

> Projetos de voluntariado são diferenciais importantes no mundo dos negócios, pois mostram o envolvimento direto dos representantes da empresa com a responsabilidade social.[14]

---

12. Ken Allen, especialista em estratégias de estímulo e valorização do voluntariado, em palestra ao Programa Voluntários, in: Informativo Agir, n. 7, out./nov. 1998, p. 10.

13. Oded Grajew, um dos responsáveis pela criação da Fundação Abrinq e fundador do Instituto Ethos de Empresas e Responsabilidade Social, em palestra realizada durante o Fórum Social Mundial em Porto Alegre, 2000 (*Jornal da Amencar*, p. 5, jul. 2001).

14. Ruth Goldberg, consultora da UNESCO no Programa Voluntários, em entrevista à publicação bimestral *Carta de Educação Comunitária do Centro de Educação Comunitária para o Trabalho do SENAC--SP*, p. 6, maio/jun. 2001.

Considerando a forma como aparecem publicamente, as ações desenvolvidas por empresas que adotaram a prática da chamada cidadania corporativa parecem fazê-lo por duas vias: uma que poderia ser chamada de moralizante e outra de tipo instrumental. O tratamento moralizante está presente geralmente em materiais institucionais ou em veículos de comunicação de circulação geral, isto é, aqueles que não estão voltados para o público especializado em assuntos administrativos ou do ramo dos negócios. Está sendo chamado, aqui, de moralizante, pelo fato de descrever ações, resultados ou a decisão de dar início a esse tipo de iniciativa em termos de correção, de conscientização, de ética. São declarações como "Nosso objetivo é continuar contribuindo com a sociedade, mas chamando a atenção dos nossos funcionários para isso" (Gilberto Galan, diretor de assuntos corporativos da HP Brasil, *Folha de S.Paulo*, caderno Especial Voluntariado, 28/10/2001); "Não queremos ser patrocinadores de causas sociais, mas agentes de transformação social" (Eduardo Romero, diretor de Marketing Corporativo do Grupo Pão de Açúcar, jornal *Valor Econômico*, caderno Valor Especial — Empresa e Comunidade — 20/12/2001) ou "Não adianta uma empresa apoiar um projeto social se, ao mesmo tempo, engana o fornecedor, destrata o funcionário e joga lixo no rio" (Oded Grajew, fundador da Fundação Abrinq e do Instituto Ethos de Empresas e Responsabilidade Social, no jornal *Valor Econômico*, caderno Valor Especial — Empresa e Comunidade, 8/11/2001).

A forma instrumental refere-se, com ênfases variadas, ao caráter estratégico das ações na área social. Mais explícita em publicações voltadas para profissionais da área de administração, diz respeito ao tratamento secundário dado, às vezes, a esse campo de investimentos, devendo somar-se às ações que a empresa desenvolve normalmente. Em outras, recebe o destaque de uma nova estratégia de ocupação de mercado. O *marketing* social, por exemplo, é uma área para a qual convergem ambas as formas de discurso. Por um lado, alguns empresários ou profissionais das fundações e institutos de origem empresarial rejeitam essa noção, que dificilmente aparece em materiais institucionais. Por outro, o assunto está presente em revistas e jornais dedicados a negócios (*Você S.A.*, edição 30, ano 3, 12/2000; caderno Painel de Negócios do jornal *O Estado de S.Paulo*, 22/5/2001; caderno Empregos do jornal *Folha de S.Paulo*, 10/4/2005). São sinais de interesse pelo tema o fato de, nas faculdades de administração de empresas, existirem centros de estudo sobre essas iniciativas e também a publicação de livros que classificam os tipos de *marketing* social e identificam quais os mais adequados a cada empresa tendo em vista custos, orçamento e retorno.

As ações empresariais entendidas como de *responsabilidade social* são justificadas pelos benefícios que trazem ao funcionário, à empresa e à comunidade a que a empresa pertence, geralmente entendida como a população que reside em suas proximidades. No caso do estímulo ao trabalho voluntário pelos funcionários, por exemplo, fala-se menos em prazer ou desenvolvimento pessoal e mais em fidelidade à empresa, aumento da produtividade, desenvolvimento profissional.

> O voluntariado empresarial é uma rota estratégica que traz ganhos para a empresa, a comunidade e os funcionários. Do lado social, permite reduzir problemas que aflijam verdadeiramente a comunidade, resultando em melhorias na qualidade de vida, ajudando a construir uma sociedade mais saudável e trabalhando, em última instância, em favor da perpetuação das atividades da empresa. No âmbito dos negócios, programas de voluntariado empresarial auxiliam no desenvolvimento de habilidades pessoais e profissionais, promovem a lealdade e a satisfação com o trabalho, ajudam a atrair e a reter funcionários qualificados. Também podem contribuir para que a empresa promova sua marca ou melhore a reputação de seus produtos.[15]

Certamente que as declarações, ações ou espaços em que elas se dão não são tão esquemáticos. O que acontece é a justaposição de ideias que, tradicionalmente, pertenciam a contextos diferentes. "Aqui [na Fundação Ayrton Senna] os coordenadores de programas são como empresários, só que o produto final não é um liquidificador, é uma criança que aprendeu e vai dar certo na vida" (Viviane Senna, presidente do Instituto Ayrton Senna, *Folha de S.Paulo*, Especial Folha Trainee, 18/8/1999).

No discurso oficial das organizações de origem empresarial, falar de ação voluntária como estratégia, *responsabilidade social* como investimento

---

15. Como as empresas podem implantar programas de voluntariado, 2001, p. 23.

ou usar expressões que se formam com a união de termos como *cidadania* e *empresa* não causam estranhamento. Ao contrário, também ajudam a construir a percepção do *novo*, de um tempo e um espaço em que se superam velhas dicotomias que não responderam aos anseios sociais.

E se, de modo geral, o terceiro setor valoriza as noções de eficiência e eficácia, quando o assunto diz respeito às organizações de origem empresarial, a competência técnica dessas instituições parece pressuposta. Isto é, se é comum afirmar, sobre pequenas organizações, que elas buscam aperfeiçoar o modo como funcionam (com o planejamento de ações, a otimização de recursos, o monitoramento e a avaliação de resultados) e essa disposição é vista como atributo positivo para a obtenção de recursos, títulos ou prêmios, as de origem empresarial não precisam demonstrar a disposição para esse aperfeiçoamento. Elas aparecem, no terceiro setor, como se definindo pela competência técnica, pela familiaridade e pelo domínio de ferramentas de gerenciamento. Não é necessário que demonstrem isso. Entre as organizações do terceiro setor, portanto, existem diferenças não só na quantidade e na origem dos recursos financeiros de que dispõem: também são estabelecidas diferenças de *status* e de posição que derivam da valorização desse tipo de característica, muito mais do que da história institucional ou da orientação de princípio das instituições. Se, tomadas genericamente, as instituições precisam aprender, o lugar de quem pode ensinar já está ocupado pelas organizações de origem empresarial, cuja competência é pressuposta como uma espécie de herança dessa descendência.

A pressuposição da necessidade de aprendizado pelas instituições sociais é perceptível, especialmente em trabalhos acadêmicos realizados na área de administração, nos quais são construídas questões como "Por que não se adotam práticas gerenciais adequadas como maneira de melhorar o desempenho organizacional e cumprir melhor a missão da OSC?" (Organização da sociedade civil) (Belck, 2004, p. 99). A pergunta do administrador surge da incompreensão do que lhe parece trivial: as práticas existem. Por que as organizações não as adotam? Não se trata de denunciar alguma espécie de superficialismo, mas de retornar à questão sobre o encontro de lógicas tão distintas como a dos direitos ou de práticas politizadas, que tradicionalmente embasavam as ações em seu favor, com aquela que busca melhorias em termos de recursos técnicos de gestão e de gerenciamento. Um dos efeitos dessa interpenetração deve ser a forma pela qual se discutem e demonstram resultados, bastante livre para ser expressa em números, símbolo da exatidão e da informação incontestes. Falconer (1999) é responsável por um dos poucos trabalhos, no terreno da Administração, que apresentam essa dúvida. Levantando a questão sobre o que entende como expectativas exageradas em relação ao papel do terceiro setor na mudança da realidade social, acredita que as análises se equivocam ao apontar, na falta de capacitação dessas organizações, o motivo de sua impossibilidade de responder a essas expectativas. Com isso, sugere que a Administração deva conhecer as peculiaridades do campo das organizações sociais e pensar seu papel ou possíveis contribuições para além de suas técnicas tradicionais.

No entanto, a exigência de avaliar os serviços das organizações sociais não parece ter incentivado a criação de técnicas específicas de acompanhamento do desenvolvimento das ações tanto quanto parece ter aberto espaço à transposição de técnicas de gerenciamento tradicionais, para o espaço interno das organizações. Mesmo a linguagem passa a ser semelhante: "Butler, por exemplo, diz que as barreiras da regulação costumam resultar da falta de compreensão do funcionamento dessas organizações, e que tais barreiras acabam bloqueando o oferecimento de serviços competitivos" (Coelho, 2000, p. 99). Essa avaliação refere-se à legislação incidente sobre organizações sociais. A ideia é de que, como os legisladores não conhecem as especificidades de funcionamento de instituições dessa natureza, as leis que regulam o setor dificultam que elas estabeleçam concorrência entre si. Trata-se de afirmação e modo de interpretar a convivência entre organizações sociais, que reproduzem a forma de relacionamento entre empresas. No entanto, é preciso admitir que não ocorre simplesmente o uso de termos inadequados. A concorrência entre organizações atuantes no terceiro setor é uma realidade. As menores dependem de recursos para manterem suas atividades (doações, subvenções públicas, apoios institucionais) e, muitas vezes, disputam-nos com outras originadas de empresas. Para alcançar os recursos disponíveis é preciso ser competitivo, construir uma imagem e agregar-lhe valor. No terceiro setor também é preciso assegurar lugar de destaque e o aprendizado para essa competição vem ganhando força como área carente de desenvolvimento.

Estudo realizado pelo Instituto de Pesquisas Econômicas Aplicadas — IPEA, junto a empresas que desenvolvem ações sociais, mostra que 2/3 das empresas localizadas na região sudeste realizam algum tipo de atividade social, sendo que a maior parte delas iniciou suas ações na década de 1990, reforçando a localização temporal do fenômeno. Peliano (2001) destaca o quanto a postura pessoal do empresário mostrou-se determinante para a decisão de entrada da empresa nesse campo, naquele momento inicial, e algumas inseguranças presentes, como dúvidas sobre "seus desdobramentos [investimentos em ações sociais] em relação aos empregados, que também poderiam reivindicar os mesmos benefícios" (Peliano, 2001, p. 22). A crítica de que as empresas considerariam as desigualdades fora da empresa sem promover condições de igualdade para seus funcionários dentro dela, comum inicialmente, passou a ser respondida e antecipada por meio de demonstrações de que "o clima institucional" ou os direitos dos profissionais empregados não eram negligenciados. Essas demonstrações se estenderam, também, para além dos funcionários, reforçando outra noção, surgida um pouco depois, a de ética nos negócios: "Começamos fazendo o básico — pagando impostos" (Augusto Cruz, presidente do Pão de Açúcar, na revista *Guia Exame*, 2004 — Boa Cidadania Corporativa, 12/2004).

Apesar dos dados que insistem em quantificar os resultados das ações dos empresários, para eles, o retorno deriva do que consideram, em si, imensurável. "É difícil quantificar os benefícios das ações sociais para o prestígio público da empresa, a satisfação dos empregados e a valorização do produto" (Peliano, 2001, p. 27). Vale a pena pensar, também, num outro "quase paradoxo", que é o desenvolvimento das ações em questões tão concretamente visíveis, como a pobreza, a falta de condições de vida e de desenvolvimento das populações empobrecidas, como parte de um jogo concorrencial cuja sofisticação leva à busca por diferenciais imateriais, como a imagem das empresas. Não se trata, aqui, de fazer um julgamento moral. A ressalva faz sentido na medida em que parte das declarações e falas de empresários ou profissionais ligados às suas fundações e institutos coloca suas ações e investimentos sociais no campo da moralidade, do correto. Cidadania, nesse caso, transforma-se em termo que, por um lado, se materializa em ações esparsas cujo valor é medido por sua outra face, a capacidade de mobilizar uma série de ideias e conceitos que gravitam, nesse discurso da responsabilidade, em torno da consciência e da ética, tomados, por sua vez, como atributos individuais, representantes de uma qualidade de pessoa, empresário ou empresa.

Alguns dados sobre as organizações

A dificuldade de definição do terceiro setor reflete-se na produção de dados quantitativos sobre o tema, impossibilitando, assim, um conhecimento preciso sobre suas dimensões. Qual tipo de organização social deve ser assim considerado? Quais devem ser os critérios de definição? Sendo definidos esses critérios, quantas são essas organizações? Em quais áreas atuam? Quem regula suas atividades? Algumas instituições de pesquisa ou mesmo organizações que fazem parte do terceiro setor vêm desenvolvendo trabalhos para tentar responder a essas perguntas. Para complementar a descrição que fizemos até aqui, sintetizamos algumas dessas informações neste item.

A definição de critérios para delimitar o tipo de instituição pertencente ao terceiro setor, como meio para descrever características desse campo, foi objetivo de um estudo comparativo[16] entre 35 países, realizado pela Universidade John Hopkins, referência na produção de conhecimento sobre o assunto. O estudo apresenta cinco pontos que definem as instituições pertencentes ao campo das organizações que denomina como *organizações privadas com finalidades públicas*. São eles: a) independente de ser formal ou legalmente reconhecida, a organização a ser con-

---

16. Global Civil Society — An Overview — The John Hopkins Comparative Nonprofit Project.

siderada deve possuir alguma permanência e regularidade estrutural ou de procedimentos reconhecidas como legítimas por seus membros; b) não devem pertencer à estrutura de nenhuma instância governamental; c) seus objetivos principais não devem ser atividade comercial ou a obtenção e repartição de lucro entre seus dirigentes (gerando lucro, este deve ser investido integralmente nas próprias ações); d) devem ser autoadministradas e, e) livremente constituídas por quaisquer grupos e pessoas. Esses pontos têm orientado a produção de outros estudos sobre instituições sociais, também chamadas de *sem fins lucrativos*. O primeiro trabalho sobre o tema, realizado com dados nacionais, foi produzido pelo Instituto Brasileiro de Geografia e Estatística — IBGE, em conjunto com o Instituto de Pesquisa Econômica Aplicada, o IPEA (IBGE/IPEA,[17] 2002). O texto refere-se a um conjunto de critérios definidores das instituições consideradas, elaborados pela mesma Universidade John Hopkins, em conjunto com a Divisão de Estatística das Nações Unidas (Manual sobre Instituições Sem Fins Lucrativos no Sistema de Contas Nacionais), a partir do qual foram selecionadas as organizações consideradas na pesquisa. Os critérios são os mesmos do relatório da Universidade John Hopkins, citados anteriormente, excetuando-se o primeiro, sobre a existência de uma estrutura organizacional reconhecida, independente de sua existência legal. Ou ele não constava no citado manual ou foi suprimido, talvez pelo fato de a base de dados utilizada pela pesquisa ser o Cadastro Central de Empresas do IBGE, o que restringia o universo às organizações existentes legalmente[18].

No que diz respeito às áreas de atuação, o levantamento do IBGE identifica a maior parte das organizações atuando no campo religioso (25,5%), seguidas pelas organizações atuantes no campo denominado de desenvolvimento e defesa de direitos (associação de moradores,

---

17. As fundações privadas e associações sem fins lucrativos no Brasil.

18. O estudo da Universidade John Hopkins, publicado em 2003, cita como fonte de dados o Censo Demográfico do IBGE, de 1991, e a Contagem Populacional pela mesma instituição, cuja data é citada como de 1995 (a contagem aconteceu em 1996), testadas e confrontadas com dados de "fontes variadas". O do IBGE, com data de publicação de 2002, diz utilizar dados do Cadastro Central de Empresas referentes ao período de 1996 a 2002.

centros e associações comunitárias, desenvolvimento rural, emprego e treinamento, defesa de direitos de grupos e minorias e outras formas de desenvolvimento e defesa de direitos) somando 16,4% e, na sequência, associações patronais e profissionais, representando 16,2% do total de 275.895 organizações registradas[19].

Tomando os números apresentados, chama a atenção a grande quantidade de instituições designadas como atuantes no campo religioso, confirmando uma característica tradicional do espaço das organizações voltadas para ações chamadas de interesse público, que é a participação de instituições religiosas. Retornaremos ao assunto, no próximo capítulo, atentando para a presença de organizações sociais originadas de grupos religiosos, especialmente da Igreja Católica. É possível que essa característica tenha forte influência na constituição da área de atuação de organizações voltadas para problemas sociais. É interessante levantar essa questão ao lado da informação de que as organizações designadas como de desenvolvimento e defesa de direitos são o segundo grupo mais numeroso. A convivência entre motivações religiosas e motivações baseadas na defesa dos direitos pode ser um dado interessante a considerar, quando se pensa em formas de enfrentamento de questões sociais. Uma motivação religiosa para a defesa de direitos, ou a defesa de direitos como meio de realizar a igualdade justificada em termos religiosos, parece ser familiar quando, por exemplo, são pensadas a motivação e a participação social. Considerando a própria produção desses dados, é possível levantar a questão da classificação da área de atuação, como a da hibridez que caracteriza

---

[19]. Segundo esclarecimentos do documento, o Cadastro Central de Empresas reúne organizações públicas e privadas, com e sem fins lucrativos. A partir desse cadastro, primeiramente, a equipe de pesquisa ignorou aquelas voltadas para as atividades que visam ao lucro. Às restantes, aplicou os critérios de definição das organizações sem fins lucrativos e de interesse público, filtrando aquelas que seriam consideradas na pesquisa. Do total de 500.157 organizações sem fins lucrativos, restaram 275. 895. Foram desconsideradas, por exemplo, organizações associativas voltadas para a promoção de ações voltadas para os próprios membros, e partidos políticos, entre outras. Para maiores detalhes, consultar o documento citado. Para informação completa sobre os dados apresentados, acerca da participação das organizações, no total, a partir das áreas de atuação: Cultura e recreação vêm na sequência, representando 13,6% das organizações, Assistência Social representa 11,7% e Outras não especificadas somam 8,2%. Organizações atuantes na área de educação e pesquisa somam 6,3%, as de saúde, 1,4%, e as voltadas para o meio ambiente e proteção animal, 0,6%. Com a menor porcentagem vêm as organizações atuantes em questões de habitação, com 0,1%.

o setor das organizações sem fins lucrativos. A questão da classificação relaciona-se à possibilidade de uma instituição religiosa desenvolver ações contempladas nas demais categorias, como, por exemplo, a defesa de direitos, assistência ou recreação, ou de uma associação patronal desenvolver ações na área de saúde ou de defesa do meio ambiente, o que modificaria as porcentagens que a pesquisa apresenta. Quanto ao hibridismo, fica a pergunta sobre como é possível regular um setor com organizações que têm finalidades tão díspares. Daí, talvez, a dificuldade de elaborar uma legislação que dê conta dessa pluralidade.

Sobre a legislação, é comum a afirmação de que as leis constituem uma via de acesso das organizações a recursos e fundos públicos, na medida em que são concedidos isenções e benefícios fiscais a essas entidades. Primeiramente, é preciso recuperar rapidamente a informação de que enquanto *associação*, *sociedade civil* e *fundação* correspondem a espécies diversas de pessoas jurídicas, o mesmo não acontece com o termo *instituto*, que pode ser utilizado por organizações, privadas ou não, lucrativas ou não. Embora o código civil não diferencie *sociedade civil* de *associação*, a primeira caracteriza-se por ser pessoa jurídica com finalidade lucrativa e a segunda por ser pessoa jurídica com fins não lucrativos. Não visar lucro, por sua vez, não significa ter fins públicos. Uma associação que vise os interesses de um grupo particular, representado por seus associados, é de cunho associativo e pode ser caracterizada, segundo Szazi (2003), como de benefício mútuo, diferentemente da associação que visa interesses de outros grupos, não restritos a seus membros, de cunho social, portanto de benefício público. As organizações do terceiro setor dizem respeito a esse último tipo. As *fundações*, também organizações do terceiro setor, são, igualmente, pessoas jurídicas de direito privado, mas não requerem a reunião de um grupo de indivíduos. A fundação pode ser instituída pela decisão de uma só pessoa, para isso devendo haver um patrimônio sobre o qual se instituirá. A expressão *não governamental* também não existe juridicamente, estando regulada, segundo Coelho (2000), sob o registro de *sociedades sem fins lucrativos*.

Em 1999, foi criada uma nova categoria jurídica: *organizações da sociedade civil de interesse público*, as OSCIPs. Os debates que antecederam a criação das OSCIPs aconteceram no âmbito do Programa Comunidade

Solidária, reunindo "agentes governamentais e o terceiro setor" (Coelho, 2000, p. 99; Cardoso et al., 2002). As justificativas para essa nova figura jurídica relacionam-se a um julgamento acerca da inadequação das leis que regiam as organizações às características que elas passaram a apresentar depois de anos de transformações. A "lei das OSCIPs" ou a "lei do terceiro setor", como ficou conhecida, segundo seus formuladores, tinha o objetivo de definir melhor as organizações sem fins lucrativos e de interesse público (corrigindo distorções como o acesso a isenções ficais, por exemplo, por parte de organizações lucrativas ou voltadas apenas para seus afiliados), facilitar as formas de relacionamento com o Estado para a execução de serviços (segundo os defensores da lei, desburocratizar os acordos por meio das parcerias) e aprimorar as formas de controle e acompanhamento do desenvolvimento do trabalho e de sua qualidade.

Analisando a legislação que regula a área da assistência social, Mestriner (2000) mostra como, de fato, ao longo dos anos, uma série de manobras no campo jurídico permitiu que organizações tivessem acesso a recursos públicos em função de relações pessoais e de favor. A partir da exposição de Szazi sobre a regulação do terceiro setor brasileiro, pode--se apreender que existem, hoje, duas formas de as organizações sociais acessarem recursos públicos. Uma, que poderíamos chamar de indireta, pelos benefícios fiscais com que são favorecidas; a outra seria a forma direta, pela transferência de recursos de que são objeto. Essa transferência pode ocorrer com o fornecimento de contrapartida pelas organizações (convênios, acordos ou ajustes; contratos; contratos de gestão; termos de parceria) ou sem ele (auxílios e contribuições; subvenções). A contrapartida sempre se refere à prestação de algum serviço público ou ao fornecimento de produtos ou objetos.

Para acessar alguma dessas vias, as organizações devem ter títulos diversos, conferidos por instâncias específicas. Em âmbito federal, eles podem ser de quatro tipos: o *registro no Conselho Nacional de Assistência Social* (CNAS) tem o processo regulado por resolução do próprio conselho e permite o acesso a subvenções ou convênios com o CNAS e os fundos; a *declaração de utilidade pública* é conferida por ato do Ministro da Justiça e permite oferecer dedução fiscal no imposto de renda, em doações de pessoas jurídicas, além do acesso a subvenções e auxílios da União e suas autarquias e a possibilidade de realizar sorteios (autorizados pelo ministério da fazenda); o *certificado de entidade beneficente de assistência social*, que garante isenção do recolhimento da cota patronal da contribuição previdenciária incidente sobre folha de pagamento da organização, é conferido pelo CNAS e o processo também é regulado por resolução interna. Finalmente, o reconhecimento de uma *organização da sociedade civil de interesse público* é expedido pelo Ministério da Justiça e permite acesso a recursos públicos, por meio de termo de parceria e doações de bens móveis da União e de mercadorias apreendidas pela Receita Federal, além de acesso a recursos privados, mediante incentivos fiscais à empresa patrocinadora (que deduz doações como despesa); permite também remunerar dirigentes estatutários sem perder isenções fiscais e a atuação da entidade no ramo do microcrédito, com taxas de juros de mercado, sem infringir a lei da usura.

Resta esclarecer que os títulos são requeridos pelas organizações nos âmbitos específicos e passam por processos de avaliação, que podem ou não concluir pelo deferimento do pedido. Cada um deles requer o preenchimento, pela organização, dos requisitos pré-estabelecidos e dos critérios e procedimentos relativos a cada processo. Todos ainda prevêem a possibilidade de cassação do título, caso as exigências que lhe garantiram a titulação sejam descumpridas. No que diz respeito à transferência de recursos, cada canal pelo qual ela pode ocorrer possui condições de uso e termos que o regulam[20].

Informativo institucional do SENAC sugere, no entanto, que apesar da declaração de empenho em facilitar a relação entre organizações e Estado, a lei das OSCIPs "não pegou" (Carta de Educação Comunitária, set.-out./2001, n. 33, ano VI). "Por quê?" é a pergunta a dois especialistas da área. As respostas trazem à baila argumentos baseados em aspectos jurídicos propriamente ditos e na dificuldade de as organizações entenderem a nova lei. Publicadas em 2001, é possível que as observações a respeito

---

20. Para conhecer com mais detalhes as especificidades de cada processo, bem como os debates jurídicos em torno de suas interpretações, ver Szazi, 2003; Rafael, 1997; Gomes, 1999.

da lei já tenham sido respondidas com modificações após sua entrada em vigor, uma vez que dizem respeito à possibilidade de o doador à OSCIP deduzir a doação como despesa e manter a isenção do imposto de renda, ainda que os dirigentes sejam remunerados. Sobre a questão cultural, vista pelos advogados como obstáculo à lei, um afirma que "há os que resistem ao reconhecimento de que o Estado não consegue mais assumir sozinho a defesa do interesse público" e o outro, que "a dificuldade de algumas ONGs em assumir esse novo perfil de atuação[21] faz com que haja pouca adesão ao regime legal, se comparado com o da utilidade pública. Afinal, é muito mais fácil pedir doações do que aplicá-las eficientemente, prestando contas".

Argumentos dessa natureza, embora estejam partindo de questão a propósito da lei demonstram que, para além do campo legal, o que está em jogo quando se fala de acesso a recursos públicos é a importante definição do lugar que essas organizações vêm ocupando. Uma tradição de acesso por meio de critérios clientelistas, o mau uso dos recursos (que, tornado público, cunhou para a área o rótulo pejorativo de "pilantropia") e a transferência, para as organizações, de recursos que estariam sendo empregados em políticas do Estado, são aspectos importantes não equacionados isoladamente, nos âmbitos legal e da gerência.

Talvez, por esses motivos, despertem grande interesse as informações sobre fonte de recursos. O Instituto Brasileiro de Análises Sociais e Econômicas — IBASE, uma organização não governamental, criou e tornou acessível o que chamou de Balanço Social. Defendendo a transparência na aplicação de recursos em ações sociais, o documento oferece um modelo de planilha para que as empresas detalhem e tornem públicos seus gastos

---

21. O perfil que as ONGs têm dificuldade de assumir, segundo Eduardo Szazi, o advogado responsável pela afirmação, torna sua resposta mais contundente que sua conclusão: para ele, trata-se de "organizações que pautam sua atuação em princípios éticos de gestão, administradas por profissionais qualificados e remunerados, capazes de planejar estrategicamente suas ações e desenvolver programas de interesse público eficazes, usando com eficiências os recursos que lhe forem alocados". O segundo entrevistado é o advogado Roberto Quiroga Mosquera, advogado sócio do Mattos Filho, Veiga Filho, Marrey Jr. e Quiroga Advogados, especialista em Direito do terceiro setor. Eduardo Szazi é consultor jurídico do Grupo de Instituto, Fundações e Empresas, GIFE, e participou dos debates que prepararam a lei.

com essas ações. Tempos depois também foi criada uma planilha para as ONGs. O site do IBASE, com balanços sociais de mais de cem empresas, contava, no momento da elaboração deste texto, com os balanços de apenas quatro organizações não governamentais.

O estudo da John Hopkins traz algumas informações sobre o assunto. Considerando conjuntamente todas as organizações, sua principal fonte de renda é o pagamento pelos serviços que oferecem, representando 73,8% das receitas auferidas. As doações privadas e os recursos públicos ficam com 10,7% e 15,5%, respectivamente. Entretanto, o quadro é outro quando as informações são expostas por área de atuação das organizações.[22] As instituições cujas fontes de renda são predominantemente provenientes da prestação de seus próprios serviços são associações profissionais e das áreas de saúde, cultura, educação, defesa de direitos e que oferecem serviços de intercâmbio e afins, reunidas sob a categoria "International". No que se refere às organizações das áreas de desenvolvimento, serviço social e meio ambiente, as fontes de renda se alteram significativamente. Na primeira (desenvolvimento econômico, social e comunitário, habitação e emprego e formação), 72,7% dos recursos são de origem pública. Na área de serviço social (assistência e recurso para auxílio) e meio ambiente (meio ambiente e proteção animal), 52% e 73%, respectivamente, dos recursos são de origem privada pela via das doações. O setor público contribui com 48%, para as organizações da área do serviço social, e com 27%, para as atuantes na área ambiental. Na área de desenvolvimento, os 27,3% de recursos restantes têm origem na prestação de serviços. Por um lado, vale a pena citar a observação feita no estudo do IBGE/IPEA, de que o antigo formato das organizações interfere na descrição do setor não lucrativo, na medida em que nela acabam sendo incluídas universidades ou hospitais que têm funcionamentos característicos de instituições privadas lucrativas. Também é interessante a informação, trazida por Coelho, de que o fato de a pobreza estar no centro da preocupação das organizações não governamentais é uma característica brasileira, não se

---

22. A divisão por áreas é ligeiramente diferente entre os estudos do IBGE e os da Universidade John Hopkins.

verificando nas organizações norte-americanas. Citando dados da cidade de Pittsburgh, que, segundo a autora, não são diferentes de outras cidades pesquisadas, afirma: "Apenas 35% das organizações têm no atendimento dessa clientela o seu maior objetivo, e mais da metade das agências (53%) indicaram que a população pobre forma menos de 10% de sua clientela" (Coelho, 2000, p. 108).

Um argumento comum para afirmar a importância de investir nas organizações do terceiro setor é o fato de elas constituírem "uma grande força econômica" (Salamon, 2000, p. 4). O dado mais utilizado nas análises que as valorizam é a grande quantidade de pessoas que empregam. Dados do relatório da universidade norte-americana falam de um milhão de pessoas empregadas nas organizações. Considerando que esse estudo se refere a dados de até 1995 e o do IBGE/IPEA a dados de 1996 a 2002, parece haver compatibilidade entre as informações. O segundo estudo apresenta o número de 1,5 milhão de pessoas empregadas nas fundações e associações sem fins lucrativos. O primeiro apontou, entre 1991 e 1995, o crescimento de 44% no número de empregos gerados nesse setor; para o período entre 1996 e 2002, o segundo já apresenta uma taxa maior: 48%.

De acordo com o primeiro, em 1995, um milhão de trabalhadores significava 2,2% dos trabalhadores não rurais do país; 7,8% dos empregados em serviços e o equivalente a 19,4% da soma de servidores públicos federais, estaduais e municipais. O relatório do IBGE faz comparações em outros termos: um milhão e meio de assalariados representam 5,5% dos empregados em organizações registradas formalmente (públicas, privadas lucrativas e não lucrativas), ou três vezes o número de servidores públicos federais na ativa no ano de 2002. Esse estudo traz um outro dado que sugere a importância de contextualizar informações e de relativizar seu significado mais imediato: o crescimento do número de trabalhadores contratados pelas organizações é bem menor que o crescimento do número de organizações, da ordem de 157% no mesmo período (1996 a 2002). Hipóteses que derivaram da análise desses números são, de um lado, a presença significativa do emprego de trabalho voluntário e, de outro, a utilização de mão de obra sem registro em carteira.

De modo geral, o que se percebe é a dificuldade de definir o terceiro setor em termos quantitativos, a partir de critérios supostamente exatos. Essa dificuldade torna-se relevante se permitir a leitura crítica desse tipo de informação quantitativa, isto é, trazer consigo a consideração de que dados numéricos também são construídos. Assim, ter em mente as imprecisões e limitações que apresentam não significa ignorá-los, mas, sim, não supervalorizá-los. Esses números também são produzidos no campo das disputas e colaborações que são o nosso foco aqui. Não por acaso, a efetivação da legislação é discutida em termos da postura ou do entendimento adotados em relação a ela; ou um dado sobre crescimento de empregos é apresentado como argumento a favor de investimentos no terceiro setor ou é apresentado ao lado de um dado que o relativiza (o aumento do número de postos de trabalho sem direitos trabalhistas garantidos ou a utilização de trabalho voluntário). Não é demais resgatar a característica de supervalorizar a visibilidade de resultados quantitativamente demonstráveis, própria do terceiro setor, tendência muito próxima à de supervalorização dos dados numéricos. Não se trata, mais uma vez, de renegá-los, mas de destacar que os considerar de forma absoluta, como descrição incontestável da realidade, implica abrir mão de outras formas de conhecimento e informações.

A participação do Estado na construção do *novo* discurso institucional

Se o discurso institucional do terceiro setor, a respeito da importância da sociedade civil na resolução de problemas sociais, traz a ideia de um Estado esgotado, da necessidade de que ele estabeleça parcerias com as organizações sociais, de superar práticas antigas e de agir de forma prática e eficiente, nos dois mandatos do presidente Fernando Henrique Cardoso, o próprio setor estatal participou da construção e fortalecimento desse discurso, por meio (principalmente, embora não exclusivamente) do Programa Comunidade Solidária. Em janeiro de 1995, um decreto presidencial extinguiu a Legião Brasileira de Assistência — LBA, órgão do governo federal, sempre presidido pela primeira-dama, responsável por ações de assistência e convênios com instituições privadas nessa área, e instituiu, concomitantemente, o Programa Comunidade Solidária. Esse ato carregava o traço de inauguração de uma *nova* fase, de uma *nova* maneira de conduzir a política social, que seria muito enfatizado por esse programa e apresentava grande afinidade com o discurso em circulação no terceiro setor, também em gestação.

Em publicação que reúne a experiência, os projetos e os princípios do Comunidade Solidária (Cardoso et al., 2002), é marcante a forma como essa inauguração é narrada, a novidade sendo caracterizada, de início, pelo titubeio ou por pequenos equívocos descritos como típicos de toda grande inovação e, por fim, pelo contraponto a um passado que seria a negação de todas as virtudes trazidas pelo novo. É assim que, segundo essa narrativa, o Comunidade Solidária se fortaleceu a partir de uma crise, bem ao modo do que preconiza o discurso em questão: os problemas surgem como oportunidades para a descoberta de formas de superação, de desafios a serem solucionados. Inicialmente descontentes com a política oficial, os membros do Comunidade Solidária redigiram um documento enviado ao presidente, em que pediam consideração semelhante para as questões sociais e as questões econômicas.[23] Entre os conselheiros, Her-

---

23. Vale a pena reproduzir, aqui, o trecho do documento que está citado na publicação:

A orientação predominante, na prática cotidiana do governo federal como um todo, continua subordinando a questão social à questão econômica e considerando que aquela será resolvida, fundamentalmente, por medidas econômicas. Este é o principal problema de concepção a que podem reportar-se várias das dificuldades encontradas pelo país para resolver adequadamente e em tempo hábil "os horrores do quadro social". É possível conviver uma política de estabilidade da moeda com uma política social antiexcludente. Os efeitos sociais das medidas anti-inflacionárias podem criar condições para um melhor enfrentamento da exclusão brasileira, desde que exista uma efetiva estratégia de desenvolvimento social. (...) Uma ampla mobilização nacional voltada para reversão da miséria e a inclusão social exige uma solução política: um entendimento estratégico entre parcela significativa dos principais atores das "esferas" do Estado, do Mercado e da Sociedade Civil sobre a importância que deve ser dada e sobre as prioridades e medidas capazes de traduzir em ação concreta tal focalização (Cardoso et al., 2002, p. 10, 11).

Embora se pudesse ver nessa manifestação uma declaração a favor da integração entre mercado, sociedade civil e Estado, como preconiza o discurso que estamos acompanhando até aqui, a publicação destaca o pedido de uma "revisão de seu papel e lugar estratégico", pedido esse ao qual "a resposta do governo não foi satisfatória".

bert de Souza e Jorge Eduardo Durão, possuindo "suas próprias críticas ao governo" (idem, p. 11) saíram do programa. A divergência, segundo a publicação, estava em dois pontos que "podem parecer sutis, mas marcam questões políticas distintas" (idem). Ao contrário do que foi dito anteriormente, sobre o descontentamento com a política do governo, a narrativa afirma que o "conselho reconhecia o impacto positivo da política de estabilização monetária nas condições de vida dos setores mais pobres da população", no que Herbert de Souza se mostrou discordante, reivindicando que fossem compensados, pelo governo, o que a publicação cita como "os efeitos [por ele] julgados nefastos da política econômica". O segundo ponto estava na convicção do conselho de que "a reversão a curto prazo da situação de pobreza e exclusão social exigia uma sinergia entre Estado, mercado e sociedade civil", postura com que, na ótica dessa reconstituição dos fatos, o posicionamento dos dois conselheiros era incompatível, levando a que, sutilmente, fosse identificada ao "velho". A lição aprendida e contada pelo Comunidade Solidária divide o campo dos interesses relacionados à construção de formas justas de sociedade, dizendo quem está dentro e quem está fora:

> De janeiro de 1995 a maio de 1996, o Conselho da Comunidade Solidária buscou o seu caminho, enfrentando a confusão advinda de uma proposta inovadora, porém conflitante com a cultura burocrática do Estado, com as culturas reivindicativas dos movimentos sociais, e com um formato institucional inadequado. A crise de maio de 1996 marcou a hora da virada. O conselho definiu estratégias próprias, voltadas cada vez mais para a sociedade, ao reinventar a maneira de influir na ação governamental. Foi se afastando, assim, daquele modelo que não lhe servia, que já tinha nascido velho (idem, p. 13).

Formado inicialmente por 21 representantes da sociedade civil e 10 ministros de Estado[24] (estrutura que herdou do também extinto Conselho

---

24. Essa informação varia conforme a fonte consultada. A publicação que citamos até aqui fala em 10 ministros, sem dizer suas áreas de atuação. O extinto *site* do Comunidade Solidária citava a presença, no Conselho, dos ministros da Saúde, da Educação, do Trabalho e Emprego e a Chefia da Casa Civil. Um terceiro documento informa que faziam parte do CONSEA, além dos 21 representan-

Nacional de Segurança Alimentar, o CONSEA), o Comunidade Solidária era composto de duas instâncias: a secretaria executiva e o conselho consultivo. A secretaria executiva, alocada na Casa Civil da Presidência da República, tinha a incumbência de coordenar as ações de combate à fome e à miséria a serem executadas pelos diferentes ministérios. O extinto *site* do Comunidade Solidária falava, também, em articulação entre as esferas federal, estadual e municipal para a efetivação de políticas públicas. Segundo a publicação, o conselho tinha o papel de "propor e opinar sobre as ações prioritárias na área social" (idem, p. 7) e, de acordo com o site, teria importância na promoção da parceria entre Estado e sociedade civil. Tendo o conselho caráter consultivo, e a secretaria, o papel de articulação dos programas que eram executados pelos ministérios, nenhum dos dois órgãos possuía, inicialmente, recursos próprios. Apesar da marcada ancestralidade do CONSEA, há um ponto identificado com o que o distingue do Comunidade Solidária: na escolha dos conselheiros, a composição da parte da sociedade civil substituiu o critério da representatividade pelo critério da legitimidade. Ou seja, enquanto no CONSEA havia indicação por representantes de entidades civis, no Comunidade Solidária "foram convidados (...) personalidades (*sic*) com atuação reconhecida na promoção da cidadania e do desenvolvimento: empreendedores sociais, empresários, pesquisadores, líderes espirituais de diferentes tradições religiosas e do mundo da cultura" (idem, p. 8). A fonte da legitimidade deve ser o referido reconhecimento; porém não é esclarecido de onde ele vem, nem por qual motivo. De qualquer maneira, aparece explicitamente o que parece ser realmente importante nessa mudança de critérios, que subentende sempre um passo à frente no aperfeiçoamento em relação ao que existia antes. À mudança de critérios, corresponde o estabelecimento da chave em que se deu a aparição do Comunidade Solidária no cenário público: "Mais do que representantes de diferentes instituições pressionando o Estado, o que se queria era (*sic*) pessoas abertas ao diálogo, dispostas a promover parcerias múltiplas e flexíveis entre Estado e sociedade" (idem, p. 8).

---

tes da sociedade civil, 8 ministros de Estado: Planejamento, Fazenda, Agricultura, Trabalho, Saúde, Educação, Bem-Estar Social e Secretaria Geral da Presidência da República (Resende, 2000, p. 8).

Embora o Comunidade Solidária tenha aparecido portando ideário que já se delineava por outras vias, é importante reconhecer o papel fundamental que exerceu para ampliar seu alcance e fortalecê-lo como manifestação que, enfim, estava em sintonia com a dita nova sociedade e, também por isso, preparado para enfrentar os problemas com que ela se defrontava. Como no caso do empresariado em relação às ONGs não vinculadas a empresas, também no caso do Comunidade Solidária existiu uma adaptação da fala difusa no terceiro setor à sua especificidade de órgão pertencente à esfera do governo. Antes de prosseguir, é preciso considerar que, apesar de o Comunidade Solidária ter sido criado por decreto presidencial, ter representantes dos ministérios em sua composição e ser (a secretaria executiva) subordinado à Casa Civil, quando descrito sua natureza híbrida era destacada, simbolizando, assim, a ideia de parceria entre Estado e sociedade civil: ao lado dos ministros, possuía representantes da sociedade civil e era presidido pela primeira-dama, que está presente na estrutura governamental, mas não faz parte dela por não ter sido eleita para tal. Alegava-se, portanto, que ele não era governo.

Feita a ressalva, o Comunidade Solidária foi bastante empenhado na defesa das ideias de *parceria, gerência* e *eficiência, cidadania ativa* e *solidariedade*. Suas linhas de atuação se dividiam em três frentes: 1) Programa de Fortalecimento da Sociedade Civil; 2) Programas Inovadores e 3) Interlocução Política. Essa terceira frente concretizava-se nas chamadas *rodadas de interlocução política*. Embora o extinto *site* do Comunidade Solidária apresentasse, como um dos resultados esperados em relação às rodadas, a disseminação de conceitos como *esfera pública não estatal, terceiro setor* e *parceria*, na publicação de 2002, sua ação é descrita, antes, como resultado de uma recusa à postura de "interpelação direta ao governo a respeito de uma agenda global de desenvolvimento" e opção pela "abertura de um espaço de debate público sobre temas polêmicos e candentes para a melhoria da qualidade de vida da população" (idem, p. 13). O processo descrito caracteriza uma espécie de sistematização de conhecimentos, opiniões e diagnósticos sobre os temas escolhidos para cada rodada, discutida em encontro entre pessoas relacionadas com a área temática em pauta. O Conselho, então, identificava consensos que davam origem a algum produto (quase sempre uma publicação ou sugestões de alterações legislativas) e registrava discordâncias que poderiam ser levadas a outros fóruns ou ser objeto de discussão em outras rodadas. Por um lado, as rodadas são descritas como oportunidades de trazer atores para "a mesa de negociação", permitindo a expressão de "interesses e reivindicações", "reconhecendo conflitos e buscando convergências", num processo de "deliberação pública", prova de que "havia, sim, outras maneiras de influir nas políticas públicas para além da interpelação direta ao governo" (idem, p. 14, 15). Por outro, é afirmado, num tom mais comedido, que "os resultados das Rodadas de Interlocução têm natureza bastante diversificada" que "sua mensuração não é trivial" e que "o processo (...) foi tão importante quanto os resultados" (idem, p. 86, 87),[25]

Os resultados da segunda linha de atuação, chamada Programas Inovadores, são expostos com muito mais facilidade, pois se trata do âmbito em que os projetos se desenvolvem. Foram quatro: Alfabetização Solidária, Artesanato Solidário, Capacitação Solidária e Universidade Solidária. Os projetos diziam respeito a ações temáticas, dirigidas diretamente a públicos limitados, visando a resultados quantificáveis e passíveis de previsão, a partir de um planejamento composto pela sucessão de etapas: o molde era o de projetos, forma, por excelência, do tipo de trabalho desenvolvido no terceiro setor. As ideias de eficiência, metas e racionalização estão presentes na descrição das ações. No extinto *site* encontrava-se a apresentação, por exemplo, do Alfabetização Solidária:

> O Programa Alfabetização Solidária foi criado em 1997 com o objetivo de reduzir as alarmantes taxas de analfabetismo que ainda vigoram em muitas

---

25. A publicação cita os temas das rodadas e seus produtos. Para conhecimento, reproduzimos os temas: 1. Reforma Agrária (5/8/1996); 2. Programas de reforço da renda mínima familiar e educação fundamental (26/8/1996); 3. Segurança alimentar e nutricional (20.10.1996); 4. Criança e adolescente (12/5/1997); 5. Alternativas de Ocupação e Renda (25/8/1997); 6. Marco Legal do Terceiro Setor (6/10/1997 e 4/5/1998); 7. Síntese preliminar da agenda social (8.12.1997); 8. Desenvolvimento local integrado e sustentado — DLIS (16/3/1998 e 31/5/1999); 9. Por uma estratégia em prol do segmento jovem (30/8/1999); 10. A cúpula mundial de Copenhage e a exclusão social no Brasil — estratégias inovadoras de inclusão no campo da educação: a parceria entre Estado e sociedade para a redução do insucesso escolar (29/11/1999); 11. Um novo referencial para a ação social do Estado e da sociedade — 7 lições da experiência da Comunidade Solidária (25/9/2000) e 12. A expansão do microcrédito no Brasil (5/3/2001 e 4/10/2001) (Cardoso et al., 2002, p. 88, 89).

regiões do país. Para executar essa tarefa, o programa passou a atuar com base no *ranking* de municípios que concentram analfabetos, produzido pelo Instituto Brasileiro de Geografia e Estatística (IBGE), a partir do censo de 1991. No primeiro semestre de 1997, cerca de 9,2 mil pessoas foram atendidas em 38 cidades das regiões Norte e Nordeste. Em dezembro de 2000, o Alfabetização Solidária cumpriu a meta de atendimento de 1,5 milhão de brasileiros em 1.200 municípios de 15 Estados e nas áreas metropolitanas de São Paulo, Rio de Janeiro e Distrito Federal com o custo de R$ 34,00 por aluno. O trabalho do AlfaSol é desenvolvido por meio de parcerias com empresas, instituições universitárias, pessoas físicas, prefeituras e o Ministério da Educação (MEC).

A terceira linha é a do chamado Programa de Fortalecimento da Sociedade Civil, devidamente apresentado como "um programa inédito no Brasil e na América Latina" (idem, p. 15). Suas ações também se subdividiam em três áreas: por meio do *site* Rits (Rede de Informações sobre o Terceiro Setor), pretendia fazer circular informações e produzir conhecimento sobre o terceiro setor. Por meio do Marco Legal, revisava a legislação reguladora das entidades e atividades do setor não lucrativo. E, finalmente, por meio do Programa Voluntários, dedicou-se a criar instituições e mecanismos de divulgação e efetivação do trabalho voluntário.

Novo voluntariado

Parece plausível a afirmação de que o voluntariado brasileiro tem quase a mesma idade que o país. Não são poucas as fontes que localizam nas Santas Casas de Misericórdia, ainda no século XVI, as primeiras ações voluntárias em terras brasileiras. Entretanto, não é objetivo deste trabalho descrever a história do trabalho voluntário. Não que tal investida fosse irrelevante. É que desenhar essa história de maneira linear pressupõe que, desde suas primeiras manifestações, tenha havido um desdobramento, uma transformação nas formas de ação voluntária, que resultou na forma que apresenta hoje. Nosso pressuposto é outro. Assim como o terceiro setor se consolidou e apareceu no cenário público por meio da difusão de uma série de ideias, que, por inúmeros fatores, contingenciais ou não, organizou um campo de aparência razoavelmente homogênea — visto que, apesar de formado por tipos diversos de associações, reúne a todos sob um único nome — o mesmo tipo de consideração deve ser estendida ao que hoje é abrangido pelo título de trabalho voluntário. Diferentemente do que os estudos sobre o tema tendem a apresentar, não apontaremos formas ancestrais do atual voluntariado. As instituições que apoiam e divulgam ações e princípios voluntários indicam que, hoje, há algo diferente e o fazem acrescentando o *novo* ao termo. É desse *novo* voluntariado que este trabalho trata.

Atualmente, não é possível falar de voluntariado com tudo o que pode significar e suscitar, sem fazer menção ao esforço de divulgação dessa *nova* cultura voluntária, pelo Programa Comunidade Solidária, mais especificamente pelo Programa Voluntários. Criado em 1997, pelo Conselho do Comunidade Solidária, o programa apresentava como sua missão "promover e fortalecer o voluntariado no Brasil".[26] Considerava como principal meio de sua operacionalização a implantação dos Centros de Voluntariado, unidades menores e descentralizadas que, por essas características, desenvolviam suas atividades de maneira local, mais próxima do público que intentava mobilizar. Autônomos, no que diz respeito à sua forma de gestão e organização, os Centros de Voluntariado gravitavam, todos, no entanto, em torno de um mesmo conjunto de ideias que, por sua vez, tinha o Programa Voluntários como centro irradiador. Quando falarmos em discurso institucional, a referência é a esse conjunto de ideias que ajudam a caracterizar o *novo* voluntariado, produzido e divulgado pelo Programa Voluntários e pelos Centros de Voluntariado, com o apoio das diversas organizações que nessa construção se uniram a eles.

Primeiramente, partiam da ideia de um novo conceito de trabalho voluntário:

> A década de 90 abre as portas para um novo milênio, para um novo modelo de voluntariado que ultrapasse o anterior e considere o voluntário como

---

26. No *site*, hoje desativado <www.comunidadesolidaria.org.br>. Acesso em: out. 2001.

um cidadão que, motivado por valores de participação e solidariedade, doa seu tempo, trabalho e talento de maneira espontânea e não remunerada em prol de causas de interesse social e comunitário.[27]

O modelo anterior, a ser ultrapassado, era aquele definido no mesmo documento, como estando baseado na "benemerência", no "combate" ao Estado, ou ao Estado de Bem-Estar Social que, responsabilizando-se "pelas condições de vida da população (...), favoreceu o individualismo em prejuízo das iniciativas voluntárias ou associativas"[28] uma vez que não recorria à sociedade civil. O conceito de voluntário "moderno",[29] ao contrário, estrutura-se em princípios que, grosso modo, se referem ao prazer e ao alcance do trabalho.

Relacionados à ideia de prazer estão os benefícios trazidos para o próprio voluntário quando realiza esse tipo de atividade. É afastada a ideia de ação motivada por qualquer sentimento negativo ou de obrigação, ao mesmo tempo que é expressa a crença de que, nesse tipo de ação, o voluntário tem oportunidades de enriquecimento pessoal, seja pelo contato com outras pessoas, seja pelo desenvolvimento de suas habilidades.

> Voluntariado não tem nada a ver com obrigação, com coisa chata, triste, motivada por sentimento de culpa. Voluntariado é uma experiência espontânea, alegre, prazerosa, gratificante. O voluntário doa sua energia, tempo e talento, mas ganha muitas coisas em troca: contato humano, convivência com pessoas diferentes, oportunidade de viver outras situações, aprender coisas novas, satisfação em se sentir útil.[30]

Por isso, em suas palestras, ao prepararem os potenciais voluntários para o trabalho, os centros de voluntariado reforçavam a necessidade de adequar tempo e tipo de atividade às suas preferências pessoais. O mínimo de tempo é o suficiente se o voluntário não pode doar mais do que isso.

---

27. Curso Básico de Gerenciamento de Voluntários, março, 2000, p. 9.
28. Curso Básico de Gerenciamento de Voluntários, março, 2000, p. 8.
29. Voluntariado — Palestra Informativa, novembro, 1997.
30. <www.programavoluntarios.org.br>, link: dez dicas sobre voluntariado.

No entanto, esse mínimo não deve se referir à qualidade do trabalho. Palavras como *qualificação, resultados* e *eficiência* são frequentes na descrição do trabalho voluntário. Os centros instruíam voluntários e instituições a controlarem a atividade sob a perspectiva da *qualidade*. "O voluntariado contemporâneo busca a eficiência do serviço, a qualificação dos voluntários e da organização social. Além da competência humana e espírito de solidariedade, almeja-se a qualidade técnica da ação voluntária".[31]

Não só na atividade voluntária em si é possível observar a adoção de conceitos originários do mundo do trabalho. Os aspirantes a voluntários devem passar por um processo seletivo que se assemelha muito aos promovidos pela área de recursos humanos de qualquer empresa privada. Técnicas de entrevista, registro de dados, convocação e dispensa do voluntário "não qualificado, que não esteja de total acordo com os objetivos da entidade, que não se encaixe em seu perfil ou que simplesmente não se apresente motivado o suficiente para realizar a atividade proposta (...)"[32] são sistematizados e servem de orientação para os que pretendem coordenar voluntários em suas instituições. Existe instrução semelhante para treinamento, avaliação e gerenciamento de voluntários. Para os voluntários, seus coordenadores ou formadores não há nada de estranho em afirmar que o "voluntário na verdade é um profissional",[33] pois ele deve guiar-se pelas técnicas que levem à eficiência.

"Não estou dizendo, de maneira nenhuma, que as instituições da área social (Terceiro Setor) devem se tornar empresas. Porém, se há processos nessa área que podem ajudar as instituições, não há mal nenhum em adotá-los".[34]

Se, por um lado, a ideia de prazer se liga aos benefícios do trabalho voluntário para o próprio voluntário, a noção de mudança social é a que está na base do alcance do voluntariado nos benefícios à sociedade. Essa maneira de equacionar o tema traz a ideia de que a soma de iniciativas isoladas é capaz de promover uma mudança ampla. Isso aparece, por

---

31. Curso Básico de Gerenciamento de Voluntários, março, 2000, p. 10.
32. Guia Básico para Seleção de Voluntários, novembro, 1998, p. 14.
33. Curso Básico de Gerenciamento de Voluntários, março, 2000, p.12.
34. Guia Básico para Seleção de Voluntários, novembro, 1998, p. 12.

exemplo, no símbolo da campanha de divulgação do Ano Internacional do Voluntariado, instituído, pela ONU, em 123 países: uma peça de quebra-cabeça sugere a necessidade de outras peças para alcançar a completude. Está aí também a valorização que caracteriza o voluntário: a iniciativa, a ação direta, o "arregaçar as mangas". O *jingle* da campanha vai no mesmo sentido. Diz o refrão: "Tire a mão do bolso/ponha a mão na massa/faça sua parte/e dê a melhor parte de você". A soma é a chave para a mudança.[35]

> Multiplicando as iniciativas voluntárias de pessoas, organizações privadas e governamentais, associações, empresas e outros segmentos da sociedade, estaremos ampliando os recursos humanos e materiais necessários ao enfrentamento da exclusão social e à melhoria da qualidade de vida para todos.[36]

Por fim, o princípio mais evocado para fundamentar essa iniciativa é o de *cidadania*. Mais uma vez, vemos uma operação que reduz dois conceitos a um mesmo campo de significação, apesar de já terem ocupado campos de referência e significação distintos: cidadania e solidariedade. Esta não tem mais (ou pelo menos não tem apenas) um caráter caritativo de doação descomprometida e aquela não exige mais definição rigorosa. Num campo em que as vontades são tão valorizadas, a conceituação permite que reinem as interpretações pessoais. "Além de dar oportunidade e condições para ser solidário, o trabalho voluntário permite que se assuma uma cidadania mais participativa e consciente".[37]

Ou, nas palavras de uma voluntária,

> (...) A solidariedade engrandece o homem.
> A cidadania constrói a sociedade.
> As duas juntas podem resgatar a dívida social de uma nação. [38]

---

35. Interessante notar que o mesmo símbolo se repete em lugares diferentes. A figura do quebra-cabeça é também símbolo do Comunidade Solidária e ilustra a capa da publicação da ABONG que utilizamos neste trabalho.
36. <www.programavoluntarios.org.br>, link: nossas crenças.
37. Curso Básico de Gerenciamento de Voluntários, março, 2000, p. 12.
38. Trecho de um poema escrito por uma voluntária, Curso Básico de Gerenciamento de Voluntários, março, 2000, p. 12.

É intrigante pensar em como algumas características que poderiam reforçar a ligação entre o *novo* voluntariado e a ideia de ação filantrópica são apagadas pela força do argumento da participação e deixam espaço para que essa participação possa, inclusive, ser nomeada pelo discurso institucional como uma nova forma de militância, uma nova forma de atuação política. Milu Villela, presidente do Comitê Internacional do Ano Internacional do Voluntariado, uma das figuras mais importantes e entusiastas da promoção de uma nova cultura da ação voluntária, expressa essa ideia quando diz que

> Hoje em dia perdeu-se esse ranço da politização. Hoje existe uma aglutinação de forças e as pessoas estão mais abertas para doarem tempo ou dinheiro para melhorar nosso país. A conjuntura política mudou. Antigamente, as pessoas queriam ser militantes políticas. Hoje, na minha opinião, ser militante é ser cidadão, e ser voluntário é ser cidadão, é lutar por uma sociedade mais justa. Temos hoje um desafio de incluir os excluídos. Não é sermos caridosos, mas darmos oportunidade.[39]

O "militante" é figura que aparece em dois momentos distintos, cujo ponto de inflexão é a mudança da "conjuntura política". No passado, o "militante" e o "ranço da politização". Nos dias de hoje, o "militante" e o "cidadão", o "voluntário". A "luta" de que fala Villela não implica conflito, mas colaboração. Não implica disputas, mas proposições. Implica menos discussão e mais resultados.

Assim como para as organizações não governamentais, para as empresas e os aspectos relativos à responsabilidade social, bem como para outros atores, sob o nome do terceiro setor, referências ao passado e esforços para qualificar o novo incidem sobre as tentativas de mensuração e delimitação das características do que se tem chamado de *novo voluntariado*. Também nos outros casos, a dificuldade de definição exige que cada estudo trabalhe com enunciados próprios, o que significa dificuldade, também, de fazer qualquer comparação. Tentando apreender as características dos voluntários, Landim e Scalon (2000) são responsáveis por uma das

---

39. Milu Villela em entrevista ao jornal *Folha de S.Paulo*, 4/3/2001, C-7.

primeiras pesquisas sobre o tema, um *survey* nacional realizado em 1998, com trabalho de campo desenvolvido pelo Instituto Brasileiro de Opinião e Pesquisa, IBOPE, a pedido e sob a coordenação do Instituto de Estudos da Religião, ISER, do Rio de Janeiro. Foram entrevistadas 1.200 pessoas, uma amostra representativa da população maior de 18 anos, residentes em cidades com mais de 10 mil habitantes. Se, a partir dos dados que coletaram, fosse construída a imagem de um "voluntário médio", ele teria de 45 a 54 anos, teria estudado até a conclusão do antigo colegial e teria renda mensal familiar de cinco salários mínimos. Os resultados da pesquisa afirmam, no entanto, que não há relação necessária entre a propensão ao trabalho voluntário e essas características, idade, grau de instrução e renda familiar.

Resultado distinto apresenta outra pesquisa realizada pelo mesmo IBOPE, agora a pedido do Instituto Brasil Voluntário, três anos depois, em agosto de 2001. Sem maiores detalhes, a divulgação dos dados, por uma revista eletrônica dedicada a temas do terceiro setor,[40] afirma apenas que foi uma pesquisa realizada em 9 capitais brasileiras (Fortaleza, Curitiba, Porto Alegre, Salvador, Recife, Belo Horizonte, São Paulo, Rio de Janeiro e o Distrito Federal), entrevistando 7.700 pessoas. Enquanto o estudo de Landim e Scalon conclui que "o grosso do trabalho voluntário é realizado pelas camadas mais pobres" (idem, p. 60), o estudo do IBOPE afirma que "nas classes mais altas, a participação é maior do que nas classes mais baixas" (Integração, 2001). Segundo as informações divulgadas, dos 18% dos entrevistados que disseram realizar algum tipo de trabalho voluntário, 35% pertenciam à classe A, 25% à classe B, 17% à classe C e 11% à classe DE. Ainda segundo essa pesquisa, a porcentagem de pessoas que realiza trabalhos voluntários aumenta conforme aumenta a faixa etária.[41] Enquanto 11% dos voluntários têm entre 10 e 19 anos, 23% deles têm mais de 50.

---

40. Revista Eletrônica Integração, do Centro de Estudos do Terceiro Setor da Fundação Getúlio Vargas. Disponível em: <www.fgvsp.br/integração>. Acesso em: out. 2004.

41. Os dados: de 10 a 19, 11%; de 20 a 29, 18%; de 30 a 39, 20%; de 40 a 49, 21%; mais de 50 anos, 23%. Disponível em: <www.fgvsp.br/integração>. Link: Banco de Pesquisas, n. 9, 2001.

Poderiam ser somados a essas informações dados de uma terceira fonte: o banco de dados dos voluntários que passaram pelo Centro de Voluntariado de São Paulo. Entre maio de 1997 e junho de 2003, aproximadamente 66 mil voluntários haviam procurado o Centro de Voluntariado de São Paulo para participar de seu curso introdutório[42]. Construindo, igualmente, um "tipo médio" daqueles que buscam o Centro e participam das palestras que ele oferece, teríamos uma voluntária (79% são mulheres), com idade entre 26 e 50 anos (54% pertencem a essa faixa etária), com nível superior completo de escolaridade (66%), assalariada (29%) ou estudante (20%).

Existe, também, outro tipo de pesquisa, que busca captar as opiniões e percepções sobre o estímulo e a realização de trabalhos voluntários. Também nesse caso as comparações não são seguras, mas, de maneira geral, pelas perguntas feitas, é possível perceber a preocupação das organizações que encomendam as pesquisas (promotoras do trabalho voluntário, com exceção do ISER) com basicamente duas questões: a credibilidade do setor e a aprovação em relação ao voluntariado. Uma pesquisa realizada pelo Datafolha em setembro de 2001 (quase no mesmo período da pesquisa encomendada pelo Instituto Brasil Voluntário, portanto), em 127 municípios brasileiros, ouvindo 2.830 pessoas, escolhidas aleatoriamente, por meio de sorteio, traz a informação de que o trabalho voluntário promovido por igrejas é o tipo que mais desperta confiança. No outro extremo está o trabalho voluntário promovido pelo governo, em que apenas 26% dizem confiar muito, enquanto 47% dizem confiar um pouco[43]. A falta de credibilidade em relação ao Estado aparece, também, na pesquisa encomendada pelo Instituto Brasil Voluntário. Apenas 4% dizem confiar

---

42. No período de realização da pesquisa, todas as pessoas que buscavam o Centro de Voluntariado de São Paulo com a intenção de realizar um trabalho voluntário eram orientadas a participarem de uma palestra inicial. Nela eram apresentados os princípios mais importantes do *novo* voluntariado e eram feitas orientações sobre a escolha da atividade.

43. Os dados apresentados são: em resposta estimulada e única, 59% dizem que confiam muito em trabalhos voluntários promovidos por igrejas, 30% confiam um pouco e 8% não confiam. Com relação a trabalhos voluntários promovidos por empresas, 47% dizem confiar um pouco, 32% dizem confiar muito e 32% dizem não confiar.

no governo, contra as instituições tidas como de maior credibilidade, que são as instituições religiosas[44].

Há outras fontes que poderiam ser citadas (Feitosa e Silva, 2002; Hastreiter, 2004), mas o que há de comum entre elas é a inexistência de um padrão ou de um tipo de perfil que pareça estar mais propenso à realização de trabalho voluntário. Ao que parece, a opção pelo voluntariado ainda mistura aspectos pessoais, crenças e traços biográficos que nem sempre (ou quase nunca) possuem relação com o engajamento político descrito pelo discurso institucional. O que parece acontecer, na verdade, é menos um convencimento, derivado desse estímulo, do que a formatação de ações já realizadas, em um discurso que as explica, dando-lhes sentido e unidade. Considerando opiniões e falas de pessoas que realizaram o curso de introdução ao trabalho voluntário,[45] é possível perceber que, enquanto as motivações são relatadas em termos de experiências pessoais, com frequência as justificativas acionam elementos do discurso institucional. Na fala desses voluntários, é comum algo que denominam como "vontade de ajudar". São diferentes suas histórias, suas motivações e suas justificativas, mas em todas elas está presente a menção a um sentimento que compele à ação em nome do benefício do outro. Esse impulso poderia ser descrito por termos como *caridade* ou *doação*, embora eles não sejam ditos. Ao contrário, a noção de caridade, quando aparece, é para fazer contraponto ao que representa o trabalho voluntário. No entanto, ainda que o termo seja rejeitado, a forma como os entrevistados descrevem suas motivações carrega um sentido de fraternidade e doação pessoal que remete ao que

---

44. A porcentagem de confiança em todas as alternativas apresentadas são: instituições religiosas, 31%; escolas e universidades, 19%; associações de bairro, 14%; ONGs, 8%; Sindicato, 5%; governo, 4%; empresas, 3%; nenhuma, 11% e "não respondeu" ou citou outras, somando 5%.

45. As observações baseadas em falas de voluntários resultam de um trabalho de pesquisa que se estendeu desde o início da elaboração de um trabalho, sobre o mesmo tema, ainda na graduação (2000), até a fase de início da redação desta dissertação (2005). Como descrito na apresentação deste texto, o material recolhido compreende registros de campos (presença em palestras, cursos e eventos sobre voluntariado), entrevistas com voluntários (tanto com iniciantes que participavam das palestras de introdução ao tema, quanto com voluntários que atuavam desde o início da implantação do Centro de Voluntariado de São Paulo ou em núcleos de organização de funcionários voluntários, no interior de empresas) e com profissionais envolvidos em ações de divulgação e promoção da *nova cultura* de voluntariado.

poderia ser denominado como caridade ou benemerência. A proximidade com essas ideias pode ser identificada quando a ação desinteressada, que não espera nenhum tipo de retorno, seja material ou de engrandecimento, é apresentada como característica definidora do voluntariado. Por isso, também, a frequente valorização da ação que não é dita, que não se exibe à admiração do outro. A crítica ao que apareceu como "modismo do voluntariado" é outra forma de referência à necessidade do silêncio sobre a ação. Assim, a menção é menos aos resultados do trabalho voluntário, tal como aparece no discurso institucional, e mais à forma como ele se dá. Não há tanta preocupação com que ele seja eficaz e mais com que ele seja verdadeiro em sua intenção. Trata-se menos de uma questão de competência e, assim, impessoal, e mais de uma questão de honestidade ou de algum outro atributo, que se relaciona diretamente ao terreno das características pessoais.

Essa ideia retoma quase integralmente a essência da caridade cristã já colocada por Agostinho, segundo Arendt (1999, p. 62), como base sobre a qual se deveriam construir as relações humanas. Com o advento do cristianismo, descobriu-se que as boas ações estavam entre aquelas de que o homem era capaz, e a bondade cresceu como um atributo positivo para o próprio homem. Sua moralidade, por sua vez, baseia-se em que cada um deve cuidar daquilo que lhe diz respeito, de forma que a ação na direção do outro tinha na bondade sua motivação e no sacrifício da doação sua forma. Para ser bom, o ato não pode ser visto nem ouvido, o que é a própria negação da noção de publicidade. Se aparece seu agente, desaparece o atributo da bondade, que deve ser, por assim dizer, invisível em seu curso, ainda que almeje ser visível, tangível, sensível, em seu resultado. O amante da bondade, diante da invisibilidade a que se submete, não é um solitário, visto que precisa da presença do outro para agir bondosamente, mas é isolado, na medida em que não deve ser visto ou ouvido. A caridade que tanto os voluntários quanto o discurso institucional recusam é aquela identificada com o sentimento de compaixão, cujo resultado pode ser a ação assistencialista, que não promove mudança. Essa caridade possui conotação negativa e a rejeição a ela está relacionada à expectativa do voluntário de que sua ação resulte em transformação social, abrangendo desde o fim da desigualdade até a melhoria da essência humana. Por outro lado, igualmente, se não rejeitada, a Igreja (ou mais amplamente, qualquer religião) aparece excluída do campo da ação voluntária. Embora possa ser mencionada por alguns como espaço em que foram cultivados valores solidários, ela é vista por todos como sendo de outra natureza. Essa separação é sempre citada como coisa positiva: pelos que a rejeitam por convicção pessoal, pela não obrigatoriedade de relacionar-se com ela; pelos que não a rejeitam, por terem algum vínculo com práticas religiosas, pelo fato de o voluntariado representar um avanço em relação a elas.

Não por acaso, as práticas relatadas de doação são anteriores ao período que apontamos, aqui, como o de emergência do *novo* voluntariado. Quando relatam essas ações, os *novos* voluntários relacionam-nas a um estímulo religioso ou a formas politizadas de engajamento, como a participação em partidos políticos ou no movimento estudantil. São numerosos os exemplos que cada um pode contar sobre experiências voluntárias. Em todos os casos, no entanto, não há, segundo os voluntários entrevistados, uma mudança ou, pelo menos, uma ruptura entre suas práticas de décadas passadas e as de hoje. Talvez haja mudanças na forma como elas se dão e, aí, a influência do discurso institucional é determinante: o "contrato" em substituição ao "combinado", o compromisso em substituição às variações de disponibilidade, a legislação em substituição aos acordos orais. No entanto, ao mesmo tempo que há continuidade lógica entre as ações (lógica, porque aparece na forma como são justificadas), há uma mudança, que conduz a referências a um *antigamente* e a um *hoje*. O antigamente aparece sob a forma do engajamento politizado e romântico dos tempos da juventude ou sob a espontaneidade caritativa da religião. A ação atual emerge, sob os símbolos do rigor e da precisão que, transportados da prática para as formas de justificá-las, aparecem como maturidade ou conscientização.

Curioso notar que o termo *solidariedade* não aparece com frequência na fala dos entrevistados. Curioso por dois motivos: por um lado, solidariedade é um termo bastante presente no discurso institucional, invocado, muitas vezes, juntamente com a ideia de uma predisposição natural do brasileiro para ajudar aqueles que precisam. Por outro lado, se solidariedade aparece no discurso institucional com essa conotação, possui outros sentidos nas manifestações dos movimentos dos anos 1970 e 1980 ou no discurso religioso. A solidariedade religiosa não é compatível com a solidariedade do voluntariado. Embora não a menospreze, ele encara-a como passo inicial, em relação ao qual o voluntariado deve representar um avanço, cujo emblema é a *profissionalização*. Essa ideia é composta pelo acréscimo qualitativo atribuído às técnicas de gerenciamento e ao controle de qualidade, que caracterizam o *novo* voluntariado. Carentes desses instrumentos e saberes especializados, as práticas solidárias da religião não atendem ao objetivo do voluntariado, de promover mudanças sociais. Por sua vez, a solidariedade dos movimentos sociais também não é a mesma. Cultivada em atuações que se caracterizavam pela reivindicação, dizia respeito a uma solidariedade entre iguais, união e cooperação interna a um grupo, que se formava e identificava com referência a outros grupos ou instâncias institucionais (Sader, 1995). A solidariedade do discurso institucional do voluntariado é universal e, por isso, articulada com ideias de igualdade, cidadania e direitos. É uma solidariedade de todos para com todos, cuja união se contrapõe a um mal difuso, que pode assumir diversas formas — pobreza, violência, desigualdade —, e não a uma instância do real ou grupo concreto.

Há um aspecto dessa atividade que também está presente na forma como os voluntários falam sobre a vontade de ajudar, que é a ênfase no indivíduo. Quando a ação não é reivindicativa ou contestadora, ela não requer, necessariamente, mediação ou interlocução. No discurso institucional, a vontade de ajudar encontra ressonância nas ideias de que é preciso que cada um reconheça sua responsabilidade e de que é possível que cada um arque com ela, de maneira pontual e cotidiana. A atuação do voluntário é direta, e dá-se de maneira tão pulverizada, que pode ser considerada menos uma ação e mais uma atitude, um comportamento. Exemplos de hábitos, tais como não jogar lixo no chão ou não negar uma informação a um transeunte perdido, são apresentados, pelo discurso institucional, como atitudes valiosas que ajudam a fazer do mundo um lugar melhor para viver. Ao que parece, faz bem às pessoas pensar que questões de cidadania ou participação não exijam mais do que sua boa vontade.

Os exemplos de ações individuais dados nas palestras de introdução ao trabalho voluntário, no Centro de Voluntariado de São Paulo, são, via de regra, repetidos e comentados nas entrevistas. O paradoxo presente no discurso institucional, entre ações pulverizadas, mas com objetivos de grande abrangência, aparece, também, na fala dos voluntários. Quando falam de suas expectativas em relação ao trabalho, falam de benefícios para a sociedade, para o mundo. Não há referência a objetivos tangíveis ou quantificáveis. Embora seja grande a ênfase do discurso institucional na qualidade dos resultados, os objetivos são sempre genéricos, pois, como dito antes, o mal é difuso. A ação que é tão abrangente e, simultaneamente, tão acessível, porque cotidiana, produz um sentimento de pertença igualmente paradoxal. As ações individualizadas, pressupondo outras ações individualizadas e, embora desconhecidas, semelhantes, produzem um grupo, também desconhecido, também pressuposto.

Embora o discurso do voluntariado seja genérico, porque dentro dele cabem as mais diversas formas de ações, com os mais diversos públicos, objetivos e justificativas, a fala do *novo* voluntário, quando não reportada à "sociedade" ou ao "mundo", só faz referência àquilo que é pontual em sua ação: os profissionais da instituição em que trabalha, o grupo a que assiste. Quer dizer, há muito pouca, ou nenhuma, referência a espaços institucionalizados de tomadas de decisão ou mobilização. A referência a esses espaços, tais como partidos, grupos, Estado, governo, é, quando requerida, expressa de forma negativa e descrente. Falência, corrupção, incompetência são ideias mais diretamente relacionadas a eles. Nesse ponto, são próximos os discursos institucional e pessoal a respeito do voluntariado. O trabalho voluntário é alternativo em relação ao que é feito nesses espaços. A diferença é que a ênfase na parceria ou na interlocução quase não aparece. Se política for entendida como atitude, há proximidade possível com o trabalho voluntário; sendo "política dos políticos" essa aproximação não se coloca.

Talvez, também, advenha daí o segundo aspecto da ênfase no indivíduo, vinculado à ideia de direitos. Quando questionados sobre a presença dos direitos nas falas e na ação do voluntariado, ela é sempre colocada numa esfera de responsabilidade individual. A ligação, nem sempre clara, entre a ação voluntária e a promoção ou a garantia dos direitos faz-se por meio da necessidade de que cada um realize o que for necessário para fazê-los valer. Não há nenhuma referência a um mecanismo comum que os efetive. A coletividade, também nesse caso, faz-se palpável apenas no fim, no resultado e não como ponto de partida ou como meio. O respeito ao direito de todos aparece ao fim, na soma de muitos processos individuais.

Partindo, como fizemos, das motivações para as justificativas, notamos que, caminhando na direção da formulação acerca de suas próprias ações, os voluntários acentuam as semelhanças entre as falas institucional e pessoal. A isso nos referíamos quando apontamos que a apreensão de práticas já existentes, por um conjunto de ideias e conceitos, faz com que o que era antes justificado de uma forma passe a ser organizado, dito e visto de outra maneira. No caso do discurso institucional do *novo* voluntariado, essa captura envolveu as mais diversas formas de participação e pôde abrigá-las, todas, sob sua aparente homogeneidade. O espaço criado pelo voluntariado é um espaço neutro, livre de regras e doutrinas. Sob esse aspecto, é importante pensar a construção do discurso. Não falamos de indivíduos-depositários de uma propaganda ideológica. É certo que as ideias enunciadas pelo *novo* voluntariado devam ir ao encontro de experiências que são, também, construídas pelo mesmo contexto social. A aceitação do convite para a ação mais imediata pode indicar algo sobre o que se entende por Estado ou participação em questões sociais. É preciso considerar o fato de que há indivíduos que não estão interessados em vincular-se a espaços institucionalizados, da forma como eles se têm apresentado até hoje. Importa pensar o que significa, para um sistema político de instituições que decidem sobre assuntos da vida comum, não haver interesse nem crença, sobre ele, por parte da sociedade. Daí a necessidade de investigar os pontos em que se cruzam a desistência de um espaço anterior de participação e a opção pelo voluntariado, a crítica ao espaço coletivo e o elogio ao plano individual.

Se for verdade que, no trabalho voluntário, é valorizada uma espécie de liberdade, é preciso indagar de que liberdade se trata. Parece ser a liberdade de agir, garantia, por si só, de que será valioso aquilo que se realizar, porque fruto unicamente dessa vontade voluntária.

II

Atores e relações em torno da *questão social*

A descrição feita anteriormente dos termos do discurso institucional do *novo* voluntariado permite destacar dois atores fundamentais cujas articulações o sustentam e lhe dão visibilidade: o Estado, ao lado das organizações criadas em seu âmbito no momento dessa construção (o Comunidade Solidária e o Programa Voluntários) e o empresariado (no espaço do terceiro setor e por meio da ideia de responsabilidade social das empresas). Essa articulação, alegam ambos em suas declarações, faz emergir um novo modo de relacionamento entre Estado e sociedade civil, um novo modo de enfrentar problemas que afligem a sociedade. No entanto, é curioso notar que dois outros atores tradicionalmente presentes no campo da ação social não apareçam no cenário de colaborações que sustentaram o *novo* voluntariado: a Igreja Católica e os profissionais do Serviço Social. Essa ausência instiga a indagação sobre o lugar que a Igreja Católica e os profissionais da assistência passaram a ocupar nesse campo em que questões sociais são discutidas publicamente.

Para visualizar mais claramente esse deslocamento, este capítulo tem como objetivo identificar como se deram as relações entre esses atores, partindo de períodos históricos anteriores à emergência do *novo* voluntariado, para chegar, finalmente, a ele. Vale relembrar que não é o rastro do voluntariado que iremos seguir, pois esse caminho teria como pressuposto que o voluntariado de anos atrás evoluiu até os dias atuais, tomando a forma que apresenta hoje. O que buscamos são as articulações de atores em torno do que, em diferentes momentos, se configura como questão social. Na década de 1990, essa articulação produziu um discurso e uma noção de social nos quais as ideias de terceiro setor e *novo* voluntariado são centrais. Quais respostas essas relações produziram para problemas semelhantes, em outros momentos?

Para a retomada que propomos, escolhemos dois períodos: a década de 1930, quando governava o presidente Getúlio Vargas, e os últimos anos da década de 1960, período de endurecimento da ditadura militar. Os três momentos (1930, 1960 e 1990) não serão trabalhados de maneira semelhante: os dois primeiros serão lidos sob a luz do interesse deste trabalho por uma particularidade do terceiro: o *novo* voluntariado. Tanto na década de 1930 quanto na de 1960 serão privilegiados pontos previamente identificados como importantes para a discussão a respeito dos anos 1990. Por isso, cada um deles foi escolhido, em primeiro lugar, pelo fato de que as relações entre os atores que nos interessam aqui — Igreja Católica, Estado, empresários e profissionais da assistência — se caracterizam, um período em referência ao outro, por tônicas opostas: em 1930 havia a colaboração entre eles e, em fins de 1960, a relação se caracterizava pelo isolamento de cada um e pela ruptura entre esses atores. São duas figurações extremas de um jogo de relações de que o período de construção do *novo* voluntariado parece ser uma representação intermediária, com colaborações e rupturas coexistindo no campo social. Considerados isoladamente, os períodos de 1930 e 1960 são momentos de acontecimentos relevantes para a configuração do setor social de 1990. Na década de 1930, foram regularizados direitos sociais dos trabalhadores e foi institucionalizada a participação do Estado em ações filantrópicas voltadas aos não trabalhadores; houve a profissionalização do Serviço Social e o início das ações empresariais de cunho social. Na década de 1960, o Estado inaugurou a prática de convênios com entidades privadas para o atendimento de populações empobrecidas; os profissionais do Serviço Social renovaram seu espaço de atuação e consolidaram-no como área de conhecimento, reformulando suas bases a partir da concepção de defesa de direitos sociais por meio do Estado; a Igreja Católica fortaleceu e desenvolveu sua Doutrina Social.

Esses pontos reaparecerão no debate dos anos de 1990 e a discussão que os envolverá será enriquecida e melhor nuançada pelo pano de fundo tecido a partir dessas breves retomadas. Assim sendo, este capítulo parte da referência a esses pontos, nas décadas de 1930 e de 1960, com algumas igualmente rápidas descrições contextuais que pareceram pertinentes, chegando, finalmente, ao início dos anos 1990. No caso desse último período, a descrição será mais geral, buscando apreender o posicionamento de cada ator no cenário público pós-democratização, com uma Constituição recém-promulgada, sob o mandato dos primeiros presidentes eleitos pelo voto direto em mais de 20 anos. Será uma espécie de preparação da discussão das questões que serão aprofundadas no capítulo final.

* * *

Antes de investigar as relações entre os atores citados e a maneira como elas produzem características que definem a forma e o funcionamento da área social, é necessário esclarecer em qual sentido usaremos a noção de *social*. Na medida em que pretendemos aproximar-nos de relações estabelecidas entre atores específicos, em determinados momentos históricos, trabalhos como os de Donzelot (1980) e Castel (2001) são extremamente importantes, pois esses autores constroem suas discussões tomando o social a partir de dados empíricos e realidades históricas delimitadas, entendendo-o como um espaço institucionalizado de práticas, especificamente práticas de assistência. Donzelot (1980) delineia, mediante a descrição de medidas tomadas publicamente para a higienização, moralização ou controle da sociedade, o surgimento "desse setor estranho, de formação recente, de importância crescente", nas palavras de Deleuze (1980, p. 1). O contexto em que localiza essa emergência é a Europa dos séculos XVIII e XIX e o alvo das ações que ele apresenta é a família. Em torno dela criam-se instituições de atendimento, linhas jurídicas específicas e teorias para controle e educação.

Percorrendo um período histórico mais amplo que Donzelot — vem desde o século XIV até o século XX — e negando a intenção de fazer a história do social, Castel afirma que o que se denomina como questão social possui duas vertentes: chama a primeira de *social-assistencial* e relaciona a segunda à *problemática do trabalho*. O desenvolvimento que faz da discussão sobre cada uma delas permite afirmar que a primeira se refere às formas de tratamento da questão social e a segunda, ao seu conteúdo. Definindo cada uma dessas vertentes, Castel afirma que a primeira não possui história específica. Suas mudanças acompanham as "características formais de que se encontrará, sem dúvida, o equivalente em todas as sociedades históricas" (Castel, 2001, p. 47). São as mudanças históricas da segunda vertente que ocuparão o autor, na descrição das metamorfoses a que faz alusão no título de seu livro. O que nos interessa aqui é o conjunto de práticas destinadas ao tratamento do que é definido como questão social, domínio que Castel caracteriza de maneira precisa, ainda que não seja seu foco. Sucintamente, são pontos definidores desse domínio: a construção de práticas protetoras e integradoras de indivíduos que não podem prover seu sustento por si próprios, os núcleos de especialização que originam profissionalização, a criação de técnicas (avaliação, seleção, categorização) e critérios de atendimento (quem deve ou pode ser assistido) e a separação do local de atuação da localidade de pertencimento do assistido (Castel, 2001, p. 57, 58). A criação de um aparato institucional de atendimento a indivíduos que, por alguma razão, não podem depender apenas de si para sobreviver marca a emergência de um terreno social, no sentido que queremos explorar.

A referência a esses autores tem como objetivo tomar como pressuposta a existência de um campo de práticas, instituições, discursos e relações, em torno de ações voltadas para parcelas pauperizadas da população. Em sociedades de sociabilidade primária, o surgimento de indivíduos que não podiam depender de si mesmos para sobreviver acionava obrigações e comportamentos que assimilavam essa existência inicialmente "sem lugar", mantendo a coesão e o equilíbrio social. Em sociedades em que esse acolhimento não acontece nas redes de relações familiares e de vizinhança, a exemplo do que acontecia em sociedades de sociabilidade primária, mas se dá por meio de instituições e procedimentos institucionalizados, a esfera dessas instituições e procedimentos configura o social, entendido como um campo de ações e mediações instituídas e definidas para um fim específico (Castel, 2001, p. 48, 49).

Castel também contribui muito para a compreensão da questão social. Tal como ele a elabora, ela é definida pelo efeito sobre a sociedade e não pela sua aparência: esta, transfigurada a cada momento histórico; aquele, imutável. Assim é que, segundo esse autor, a questão social "pode ser caracterizada por uma inquietação quanto à capacidade de manter a coesão de uma sociedade. A ameaça de ruptura é apresentada por grupos cuja existência abala a coesão do conjunto" (Castel, 2001, p. 41). O exemplo com que ilustra sua definição é precioso, pois toca a imagem que costuma caracterizar a questão social: diz ele que os pobres nem sempre causaram o incômodo que gera ações de assistência, tal como as entendemos hoje; eles nem sempre representaram a questão social. Ou seja, pensando em termos de efeito e aparência, o efeito é sempre o mesmo: a tensão, causada pela existência de um grupo que representa um risco de abalo da coesão social. Sua aparência, no entanto, modifica-se de acordo com o contexto e o momento histórico: mendigos, órfãos, doentes, criminosos, desempregados.[1] Essa definição é adequada aos nossos propósitos na medida em que nos permite focar a atenção sobre as movimentações que se dão, nesse campo, em torno do que se considere alvo de preocupação de determinados grupos ou do que se considere como questão social, sem que tenhamos de identificar ou descrever exatamente a forma como se apresenta.

Nos trabalhos de Castel e Donzelot, a Igreja Católica e o Estado também estão presentes como atores. Entretanto, existem outros: profissionais da assistência, médicos, operadores da área do direito, indivíduos de classes abastadas, além do próprios públicos a que se destinam essas ações. Parece importante a justificativa pela qual o último grupo, o público

---

1. Não estamos tratando de outra discussão que também poderia ser levantada a esse respeito: a transmutação dos nomes que se atribuem a determinados grupos que são alvos de ações sociais; por exemplo, a substituição de termos como "mendigo" por "morador de rua", "menor" ou "criança de rua" por "criança em situação de rua".

visado pelas ações, não está presente entre os atores considerados neste trabalho. Não se trata de desconsiderar que ele integre e ajude a tecer uma rede de relações no âmbito das ações. Essa participação, no entanto, possui especificidades que derivam do lugar diferenciado que o público assistido ocupa. Sua intervenção no âmbito das decisões e construções acerca dos problemas sociais não se dá de maneira consentida ou reconhecida da mesma forma como se dão as relações entre Estado e empresariado. Profissionais da assistência e da Igreja modificam suas posições, mas em momentos específicos já figuraram como colaboradores dos dois primeiros. Por esse motivo, a movimentação dos anos 1980 não é privilegiada nesta discussão. Neste contexto, indivíduos e grupos colocados como público de ações de assistência (em função dos critérios de atendimento e identificação criados pelas instituições pertencentes à área) apareceram na cena pública de forma organizada e dando visibilidade e existência a seus próprios posicionamentos e reivindicações. O foco, aqui, é a construção das respostas aos problemas sociais, a partir das relações que se estabelecem entre os atores que dominam ou influenciam as tomadas de decisões no chamado campo social.

Considerando o empresariado e o Estado como presenças constantes nesse espaço, podemos trabalhar com a ideia de que nos detemos nas relações e soluções propostas pelas elites econômica e política, respectivamente, o que remete, também, à localização desse grupo, na área social, por Donzelot e Castel. A constância desses atores no campo das ações voltadas às questões sociais não foi interrompida, se pensarmos nos construtores do discurso do *novo* voluntariado. A diferença, no entanto, parece estar no fato de que, no contexto da década de 1990, as diferenças econômicas, de poder e influência ou de capacidade de decisão estão diluídas no discurso institucional que enfatiza a igualdade entre todos, inclusive na execução das atividades voluntárias. A relação entre quem doa e quem recebe é descrita em termos de troca, em que os dois lados são igualmente beneficiados. Voltaremos a esse ponto. Seguindo a proposta, um breve olhar retrospectivo sobre as relações entre os atores tradicionalmente presentes no campo social permitirá apreender alterações e constâncias que caracterizam o social, seja por meio de medidas públicas de administração, pela ação privada de caridade, ou pelo atendimento institucional filantrópico.

Trabalhos que se dedicam a analisar as instituições de assistência, de antes de 1930, descrevem um cenário que não caracteriza uma área social tal como estamos considerando. As Santas Casas de Misericórdia, por exemplo, são citadas com frequência como instituições que representam os primórdios do atendimento a populações pauperizadas, inclusive sendo destacada a existência de grupos de voluntários em seu interior. Citação semelhante foi feita por Novaes (1998) sobre as obras caritativas realizadas pelos membros da Sociedade São Vicente de Paula,[2] desde 1873, no Brasil. No entanto, tanto Santas Casas quanto vicentinos caracterizam ações isoladas, realizadas de maneira localizada, sem que configura em um campo de ações identificado como tal. Russel-Wood (1981), analisando o papel da Santa Casa de Misericórdia da Bahia, entre 1550 e 1755, identifica disputas entre poder público, elites locais e Santas Casas, cujo objeto não dizia respeito à forma ou ao direito de atendimento à população empobrecida, mas a privilégios concedidos às instituições de assistência, especialmente em questões fiscais. Se pensarmos na área de atendimento social de 1990, as discussões sobre privilégios fiscais também são matéria de debate. Entretanto, como meio de ter acesso a eles existe um enunciado comum cujos elementos compõem um repertório razoavelmente conhecido, acionado por quem disputa aqueles privilégios e que reivindica o reconhecimento da competência para o tratamento dos problemas sociais, de legitimidade para a definição do que se entende a respeito deles e da necessidade de manutenção das ações, sob pena de trazer prejuízos à sociedade como um todo e não só ao público a que se destinam essas ações. Não é o que se observa no período prévio ao início do século XX, justamente pelo fato de que não havia se constituído o campo de ações de assistência, de maneira consolidada, institucionalizada. Supomos, assim, que a institucionalização da área social passa pela formulação de conflitos

---

2. A Sociedade São Vicente de Paula, cujos membros são os vicentinos, conhecidos por suas obras sociais, existe no Brasil desde 1873. Fundada na França, em 1848, por jovens universitários, essa sociedade nasceu sob o signo da intervenção social racionalizada em nome dos necessitados e desenvolveu o que seus adeptos chamam de metodologia da caridade.

e disputas em termos próprios, o que começa a se esboçar de forma mais clara na passagem do século XIX para o século XX.

Schindler (1992), trabalhando com o período que vai de 1880 a 1910,[3] examina a ação estatal na área social, na cidade de São Paulo, por meio das instituições de assistência social. A autora aponta os anos da década de 1880 como período que marcou a entrada incisiva do Estado, no terreno da assistência. Segundo sua análise, até esse período não se havia configurado uma assistência pública no Brasil, ficando a racionalização dos serviços a cargo das instituições, que se baseavam nos princípios de caridade e filantropia. Levantamento das instituições de assistência existentes em São Paulo, entre 1880 e 1920, identificou apenas quatro instituições públicas do total de 263 (Schindler, 1992, p. 80). As demais, de natureza privada, eram administradas e financiadas pela ação filantrópica das elites da cidade. O que a autora aponta como marcos da entrada do Estado nessa área diz respeito diretamente aos serviços prestados. O primeiro deles é a solicitação ao Estado, por essas instituições, para que auxiliasse suas ações contribuindo com recursos financeiros. O segundo, decorrente desse primeiro, é relativo à própria ação, que além do atendimento individual passava a formular questões em termos coletivos, de atenção à saúde e à pobreza (Schindler, 1992, p. 78, 79). Foi nos séculos XVIII e XIX que a Santa Casa de São Paulo expandiu seu atendimento, foram criados hospitais para públicos específicos (como o Instituto de Surdos-Mudos, em 1886, e o Hospital de isolamento para o tratamento de enfermos com doenças contagiosas, em 1907), associações de auxílio mútuo (como a Sociedade Portuguesa de Beneficência, em 1859) e a Inspetoria de Saúde Pública de São Paulo realizou trabalhos de fiscalização, controle e tratamento da saúde coletiva. Atuação semelhante verificou-se no Rio de Janeiro, onde os cortiços, vistos como insalubres e "celeiro de doenças", configuravam alvo preferencial de ações higienistas. A Revolta da Vacina (Carvalho, 2002)

---

3. Parece importante relembrar que neste trecho estamos nos referindo a um período histórico anterior àqueles que foram destacados, de 1930 e de 1960. Por isso, só é feita menção ao Estado e à Igreja Católica, pois a burguesia industrial, bem como os profissionais do Serviço Social emergirão no cenário público apenas após a década de 1930. Trata-se de um preâmbulo para descrever a situação e o contexto em que se encontravam dois dos atores que iremos acompanhar mais adiante.

aconteceu nesse ambiente, quando a população, entendendo a vacinação como intromissão indesejada em sua intimidade, levantou-se contra sua obrigatoriedade.

No que diz respeito à Igreja Católica, esses anos também foram marcados por mudanças na forma de entender e lidar com os problemas sociais. Em maio de 1891, Leão XIII publicou a encíclica *Rerum Novarum*, que incentivava a organização do laicato católico, política e socialmente. Marchi (1999) descreve o contexto social em que ela surgiu, caracterizado, em linhas gerais, pelo direcionamento de grupos da Igreja e leigos católicos para os problemas do operariado na esfera da produção capitalista. É verdade que o pontífice que substituiu Leão XIII, Pio X, tomou postura mais conservadora diante dessas questões, mas, de qualquer maneira, elas estavam em pauta. Nesse período de virada do século XIX para o XX, um dos objetivos da Igreja Católica era recuperar o espaço que vinha perdendo na sociedade. Despertavam preocupações o avanço do liberalismo, das teorias materialistas e do socialismo, e a perda de fiéis. Em 1891, no Brasil, a constituição republicana declarou o Estado laico, separando-o da Igreja Católica. Com relação ao Estado, houve um esforço diplomático de "reaproximação cautelosa", por parte da Igreja (Marchi, 1999, p. 120). Até a década de 1930, a Igreja se ausentou do espaço político institucional, em âmbito nacional (no nível regional, a relação permanecia), enquanto setores internos defendiam a concentração de esforços em sua própria organização. Esse esforço parece ter dado resultado, fazendo crescer o número de irmandades e congregações cristãs no país. A preocupação com questões sociais apareceu em 1915, quando a redação de um conjunto de resoluções abordou problemas enfrentados pelos trabalhadores. No entanto, esses problemas eram tratados como sendo de fé e moral e tinham receios derivados do avanço do socialismo como pano de fundo. Embora não tenhamos encontrado referência explícita a isso, é possível supor que a ação caritativa e filantrópica estivesse entre as possibilidades, vislumbradas pela Igreja Católica, para aproximar-se de seus possíveis seguidores. Guimarães (1998) descreve investidas da Igreja com o objetivo de "cristianizar as principais instituições sociais" e "recatolizar a nação" (Guimarães, 1998, p. 46, 47). Nesse processo surgiu a Ação Católica (grupo de católicos leigos organizados) voltada para a propagação da doutrina católica e para o desenvolvimento de ações sociais. Essa preocupação da Igreja estimulou os grupos laicos, que passaram a ter papel importante em anos seguintes nas ações de assistência; a moralização da pobreza também passou a ser uma constante na área social.

Da caridade religiosa e particular à defesa da necessidade de enfrentar as causas da pobreza, da filantropia privada e individual à demanda publicizada e à intervenção coletiva, essas mudanças parecem configurar pontos históricos tangentes ao campo social que nos interessa identificar. Estado, Igreja e elites econômicas e políticas moviam-se nesse espaço ainda não claramente constituído. O posicionamento da Igreja, o chamado das instituições de assistência e as mudanças do início do século XX (a industrialização, a urbanização e o aumento da pobreza) parecem vetores de um movimento que converge para a formação de um espaço especializado de ações voltadas para a população empobrecida. A década de 1930 foi um momento histórico fundamental para esse campo. Primeiro, o Estado enunciou direitos sociais aos trabalhadores, enquanto os não trabalhadores permaneceram sob o tratamento filantrópico. A Igreja aproximou-se do Estado, manteve sua ação beneficente, ao mesmo tempo que gestou movimentos progressistas. Nesse contexto, surgiram, ainda, os profissionais da assistência e as primeiras ações empresariais na área. Foram acontecimentos que marcaram diferença em relação aos ocorridos até então, no sentido de seus reconhecimentos institucionais: o Estado por meio de legislação, a Igreja por meio de organizações de setores de esquerda, as elites se reunindo como grupos de empresários da indústria nascente.

A década de 1960, por sua vez, abrigando a instauração e a posterior radicalização do regime militar, aproximou diferentes grupos sociais sob a imagem da sociedade civil em oposição ao autoritarismo da ditadura, mas, no que dizia respeito à área social, isolou os atores, desfazendo a rede discursiva que dava justificativas a suas ações. Estado, Igreja, profissionais da assistência e empresariado não mais formulavam suas retóricas sociais com a harmonia que os fazia convergir em seus propósitos, fosse em nome de interesses próprios, fosse em nome de interesses coletivos. A enunciação da assistência como um direito universal começou a se desenhar nesse período, por meio da renovação crítica de um outro grupo, originalmente subordinado à elite tradicionalmente caritativa: os profissionais do serviço social.

1930: Estado, Igreja, elites e o discurso da integração

Quando Getúlio Vargas chegou ao poder, depondo o presidente Washington Luís, por meio de uma "revolução", havia um sentimento de frustração disseminado na população com o malogro da Primeira República, que não trouxera os avanços prometidos. A virada do século foi precedida pela libertação dos escravos, pelo êxodo rural, por vultosa imigração que criou uma mão de obra crescente e despreparada para a entrada em um mercado de trabalho que não oferecia oportunidade para todos. O liberalismo[4] até então dominante tratava a proteção social como assunto individual, não havendo discussão sobre políticas ou ações estatais voltadas para os problemas do empobrecimento crescente. Quando ela ocorria, tomava a questão como residual ou caso de polícia. Santos (1979) mostra como, antes de Vargas, algumas medidas governamentais inauguravam tentativas que estavam na contramão do ideário do *laissez-faire* predominante. Em 1903, por exemplo, foi reconhecido o direito de organização e de formação de sindicatos por trabalhadores rurais; em 1904 e 1911, deputados apresentaram projetos de lei referentes a acidentes de trabalho; em 1912, também foi apresentado projeto de lei propondo jornada de trabalho de oito horas; em 1917, foi criada a Comissão de Legislação

---

4. Ao final da década de 1920, a discussão política envolvia grupos que defendiam o ideal liberal de liberdades individuais e autonomia em relação ao Estado, que deveria intervir minimamente em assuntos sociais, e grupos que defendiam a necessidade de intervenção estatal, buscando argumentos nos desentendimentos entre grupos políticos (especialmente as oligarquias), no declínio da cultura exportadora (especialmente na cultura cafeeira) e no crescimento das situações de empobrecimento que levavam à organização dos trabalhadores e camponeses. O movimento que culminou no golpe de 1930 trazia a bandeira da necessidade de mudança em relação à experiência liberal da República. Os trabalhos de Mestriner (2000) e Schindler (1992), além do de Vianna (1978), realizam essa discussão de maneira mais pormenorizada.

Social na Câmara dos Deputados. Foram iniciativas não efetivadas e que sofreram resistência por parte dos empregadores. Os acidentes de trabalho, por exemplo, definidos como risco inerente à atividade profissional, não eram de responsabilidade do empregador, nem da sociedade. Por isso, qualquer indenização era vista como privilégio e concessão, e não como direito, levando as disputas para o terreno dos inquéritos policiais, que julgavam a questão como sendo de interesse privado.

O primeiro sinal de que a década de 1930 representava, portanto, uma inflexão em relação às garantias legais dos direitos relacionados ao trabalho foi o fato de Vargas ter tomado o que Santos denomina "providências estratégicas" (Santos, 1979, p. 29), ou seja, criou o Ministério do Trabalho, Indústria e Comércio e a carteira profissional para o trabalhador urbano. O primeiro recebeu recursos para fiscalizar e executar a legislação trabalhista e previdenciária, enquanto a segunda, apesar da resistência dos empregadores e de sua abrangência limitada, registrava e materializava os termos do contrato entre empregado e empregador, permitindo seu controle pelo Departamento Nacional do Trabalho e sendo estabelecida como documento a ser convocado em caso de disputas entre as partes. Essa afirmação de direitos a partir da realização de determinadas atividades de trabalho originou o que Santos chamou de cidadania regulada. Primeiramente, ao definir como cidadãos, pela atribuição de direitos, apenas aqueles que exerciam atividades reconhecidas pela lei, desconsiderou os trabalhadores das demais áreas. Consequentemente, excluiu, também, do âmbito da proteção legal, aqueles que estavam fora do mundo do trabalho. O segundo sinal a diferenciar o período pós-1930 dos anos anteriores foi a criação por Getúlio Vargas de instituições cujo escopo de ação estava intimamente relacionado às práticas de filantropia privada. Em 1938, criou o Conselho Nacional de Serviço Social (CNSS) e, em 1942, a Legião Brasileira de Assistência (LBA).

Descrevendo o momento de criação do CNSS, Mestriner (2000) conta que Ataulpho Nápoles de Paiva, a quem foi atribuído o cargo de primeiro presidente do Conselho, desde 1889 tentava criar uma lei de assistência. Só então, em 1938, parece ter havido espaço para consolidar tal proposta. Formado por "homens (e senhoras) bons" (Mestriner, 2000, p. 48), personalidades ilustres da elite cultural e econômica, os conselheiros tinham objetivos de formular propostas de intervenção, regular práticas e de inspirar "os altos destinos de um pequeno serviço que, talvez de futuro, viria a ser o fundamento de uma ampla instituição social" (Ata de instalação do CNSS em 5/8/1938 apud Mestriner, 2000, p. 51). A LBA, por sua vez, foi instituída como órgão consultivo para assuntos relacionados às organizações de assistência, além do título de colaborador do Estado. Presidido pela esposa do presidente, Darcy Vargas, tinha como objetivo a prestação de serviços de assistência, de maneira direta ou por meio de colaboração com instituições atuantes na área.

Por outro lado, ao longo desse período, teve início a repressão às reivindicações dos trabalhadores organizados, a proibição do direito de greve e a restrição do acesso às Juntas de Conciliação e Julgamento,[5] pelos sindicatos, além do controle das organizações sindicais. As contradições, primeiro, entre a crítica ao liberalismo e a incapacidade de superá-lo e, segundo, entre o discurso em nome dos direitos trabalhistas e a repressão às organizações dos trabalhadores eram envoltas na retórica da defesa do social, da pátria e dos valores humanitários. Para compartilhar esse ambiente de cooperação entre todos, foram convocados a Igreja Católica e o empresariado recém-constituído.

Na década de 1930, as discussões da Igreja sobre a necessidade de recuperar o espaço que vinha perdendo e de aproximar-se dos problemas da sociedade moderna levaram à adoção de um modelo que se caracterizava pelo que era, então, chamado de neocristandade (Guimarães, 1998). Esse modelo já vinha tomando corpo desde os primeiros sinais de preocupação da Igreja Católica com o avanço de novas organizações e movimentações que acarretavam perda de fiéis e de poder. O que esse modelo trouxe, portanto, foi a necessidade, já identificada no início do século XX, de tomar as instituições e fazer presentes os princípios e ensinamentos católicos. A restauração católica atingiu seu ápice nesse momento, com o Papa Pio

---

5. Regulamentadas por projeto de lei em 1917, as Juntas de Conciliação e Julgamento eram conselhos criados para resolver conflitos de trabalho entre empregados e empregadores (Gomes, 1979). A Constituição de 1934 substituiu-as pela Justiça do Trabalho.

XI apoiando e incentivando esse movimento no Brasil. De um lado, a Igreja promoveu organizações laicas em seu interior — a Ação Católica Brasileira, os Círculos Operários, a Juventude Operária Católica (JOC), a Juventude Estudantil Católica (JEC), a Juventude Independente Católica (JIC), a Juventude Universitária Católica (JUC)) e, por outro, apoiou o governo de Getúlio Vargas, para quem essa aliança era estratégica. Houve várias manifestações dessa relação de proximidade entre Igreja e Estado: a organização laica Liga Eleitoral Católica elegeu deputados católicos para a Constituinte de 34 e a Constituição consagrou algumas reivindicações católicas, como a presença de capelães nas forças armadas, o ensino religioso nas escolas, o reconhecimento dos efeitos civis de um casamento religioso. O católico militante ideal, dentro do projeto da neocristandade, era submisso à autoridade, conhecia a doutrina católica e praticava seus sacramentos, defendia a moral sexual e a educação religiosa e participava das ações leigas. A defesa desse perfil ia ao encontro da defesa varguista da moral e dos bons costumes, com a qual ele promovia a ideia de construção da nação. Em 1941, Vargas promoveu uma cerimônia para comemorar ao cinquentenário da encíclica *Rerum Novarum*. Oliveira (2001) reproduz, citando Duque de Farias, trecho do discurso do Ministro do Trabalho de Vargas, no momento de entrega de medalhas de ouro com as imagens do presidente e do Papa Leão XIII: "O pensamento de Leão XIII é fruto, é fim, é consequência, é ideia — perdura no tempo. A ação de Getúlio é semente, é início, é alicerce, é força — age no espaço. Um conclui; outro aplica" (Duque de Farias apud Oliveira, 2001, p. 97). A apreensão dessa espécie de bifurcação institucional da Igreja Católica (estímulo à aproximação com a sociedade, ao lado da tradicional colaboração com o Estado) é importante porque ela lança as bases sobre as quais vai se desenvolver a vertente progressista da instituição.

Nesse clima de colaboração, o tratamento dos problemas sociais ganhou fortes cores moralizantes. Ao atrelar os direitos de proteção social aos direitos do trabalho, Vargas acentuou o caráter filantrópico-benemerente da atenção à parcela empobrecida que não pertence ao mundo do trabalho. Nesse âmbito, persistiam as práticas personalistas e de favor. O CNSS e a LBA são ilustrativas desse movimento. Apesar dos objetivos formulados, quando da formação do CNSS, de regulamentar o terreno da ação social, de propor projetos de lei e formas de intervenção, diante da grande demanda de avaliação de pedidos de subvenções por organizações da sociedade civil, o Conselho logo abandonou essas proposições. Não cumpriu, assim, a intenção que tinham os seus primeiros conselheiros, de trabalhar para sistematizar as ações dispersas, no sentido de uma política pública de assistência, sendo absorvido na tarefa de controlar a filantropia privada. A LBA, por sua vez, inaugurou o primeiro-damismo (personalizado em Darcy Vargas, esposa do presidente),[6] isto é, a realização de práticas caridosas conduzidas pela primeira-dama. Torres (2002) articula representações sociais relacionadas às questões de gênero (como a atribuição de papéis e características a homens e mulheres tidos como naturalmente femininos ou masculinos, criando representações do tipo homem-razão, mulher-emoção, entre outras) ao exercício da benemerência, para construir essa noção que, segundo essa autora, descreve mais do que a atribuição de responsabilidade por uma área de menor importância a uma figura também de visibilidade secundária. A ação da primeira-dama é vista, nessa perspectiva, como um reforço importante à estratégia de legitimação e personificação das virtudes do governo, docilizado na boa ação da figura feminina. Não deve ser coincidência o estímulo da LBA para a realização de práticas voluntárias, igualmente carregadas de um sentido de desprendimento individual e virtuoso em nome de quem necessitava.

Segundo Sposati e Falcão (1989), a LBA tinha atuação esporádica, em momentos de emergência, em função de gravidades ocasionais, como secas ou enchentes. As comissões estaduais e municipais, criadas na mesma época e no mesmo contexto que a LBA em âmbito federal, compartilhavam os mesmos objetivos difusos de realizar campanhas de arrecadação (em prol das famílias dos pracinhas ou para levantar fundos para a própria LBA) e a característica de serem presididas pelas esposas

---

6. Quando criada, a LBA iria chamar-se "Legião de Caridade Darcy Vargas". No entanto, o nome foi alterado pela própria primeira-dama, "por achar que 'caridade' poderia significar apenas ajuda aos pobres, aos necessitados" (*Boletim da LBA*, 1942 apud Sposati e Falcão, 1989, p. 16).

dos prefeitos e governadores (na época, interventores). O espírito nacional, de que estavam imbuídas as unidades da LBA, caracterizava-se, segundo as autoras, pela "mobilização da sociedade civil frente a uma situação de guerra; mobilização das primeiras-damas e das associações empresariais; cobertura complementar a ações do governo e formação de uma rede de voluntariado" (Sposati e Falcão, 1989, p. 15, 16).

Além da colaboração com a Igreja, Getúlio Vargas também convocou o empresariado a assumir parte dos custos relacionados ao tratamento da população empobrecida. A valorização do trabalho como tarefa moral tinha como contrapartida chamar o trabalhador para ser parte do prometido progresso econômico e social. Se, ao transformar o trabalho em dever, criminalizava o não trabalho, por outro lado, buscava escamotear e apaziguar conflitos advindos das condições precarizadas de vida. Com o crescimento do polo industrial, o número de trabalhadores vinha crescendo, desde 1930. A carteira profissional, instituída em 1932, foi adotada aos poucos. Em 1937, quando aconteceu o golpe de Estado e o Estado Novo foi instituído, as organizações sociais não atendiam apenas os desempregados, mas também os trabalhadores que não eram atingidos pela legislação. O presidente, então, de maneira ainda mais marcante, passou a personalizar as ações de proteção aos pobres. É dessa época a criação do SENAI (Serviço Nacional de Aprendizagem Industrial), gerido pela Confederação Nacional da Indústria por meio de um decreto-lei (n. 4.048).

Gomes (1979) mostra como, no início do século XX, as pressões e reivindicações operárias tiveram como resultado secundário a organização de uma pauta de atuação por parte dos empresários, e não só pelo Estado. Cepêda (2003), analisando a produção teórica de Roberto Simonsen[7] entre 1910 e 1940, também destaca as primeiras elaborações sobre o que deveria ser "a fundamentação do papel vital da indústria no desenvolvimento

---

7. Roberto Simonsen foi industrial na primeira metade do século XX. Engenheiro formado pela Escola Politécnica de São Paulo, em 1909, teve papel de destaque na liderança de grupos de empresários e na interlocução que estabeleceu entre estes e o Estado. Em 1933, foi eleito deputado classista para a Assembleia Nacional Constituinte (1933-1934), em 1935 e 1936 presidiu a Confederação Industrial do Brasil (futura Confederação Nacional das Indústrias), e, em 1937, assumiu a presidência da Federação das Indústrias do Estado de São Paulo (FIESP).

econômico brasileiro" (Cepêda, 2003, p. 5), relacionadas à organização do setor industrial (legislação, formação das elites, produção de conhecimento), e de tratamento da questão social (apaziguamento de conflitos, formação dos trabalhadores e serviços de assistência). Em 1946, Simonsen defendia a criação de uma instituição que demonstrasse a política empresarial de assistência como forma de combate à propaganda comunista e de educação do operariado, dentro dos princípios morais e cívicos. Ao que parece, estava despontando, por meio da defesa da industrialização nacional como meio de resolver problemas sociais, o uso do argumento de que o desenvolvimento econômico traria como consequência o desenvolvimento social. Para isso, a colaboração entre as classes tinha sua importância reafirmada. Daí alguns autores apontarem o papel da assistência social, quando de sua institucionalização como setor de atuação profissional, como colaborador desse processo de apaziguamento dos conflitos entre classes sociais.

Segundo Iamamoto (1982), como ramo profissional, o serviço social foi gestado pela equação entre o desenvolvimento do capitalismo industrial e a expansão urbana. No Brasil, sua origem está intimamente relacionada com as duas instituições que tradicionalmente se dedicavam aos problemas sociais: a Igreja e as classes abastadas. Para incrementar sua missão de apostolado social junto às camadas populares, a primeira tinha no serviço social parte importante de sua estratégia de qualificação de fiéis, da qual eram alvo principal as mulheres da elite econômica. Como profissão regulamentada na década de 1930, o serviço social estabeleceu relação dupla: por um lado, vinculava-se ao setor público, na medida em que desenvolvia ações de controle e assistência à população; por outro, integrava-se a organizações empresariais privadas, cumprindo o papel de administração e gerência das relações industriais. Institucionalizado, acrescentou outra possibilidade de tratamento das carências decorrentes da desigualdade social: elas passaram a ser, então, alvo de uma intervenção profissional qualificada que, conforme avançava seu processo de consolidação, procurava despir-se das insígnias que marcavam a tradição de sua atuação, para refiná-la e refinar a produção de conhecimento a partir dela. A profissionalização do serviço social marcou a diferenciação

Entre a atividade assistencial voluntária, desencadeada por motivações puramente pessoais e idealistas, e a atividade profissional que se estabelece mediante uma relação contratual que regulamenta as condições de obtenção dos meios de vida necessários à reprodução desse trabalhador especializado (Iamamoto, 1982, p. 106).

É importante reter essa característica do processo de profissionalização da assistência, pois ela ajuda a entender a crítica feita ao *novo* voluntariado, pelos profissionais da área.

No que diz respeito ao campo das ações voltadas à assistência das populações empobrecidas, é possível identificar, então, uma afinidade de interesses e semelhança de discurso entre os três agentes: Estado, Igreja e elites econômicas. Estado e empresariado enfrentavam-se nas questões relacionadas à legislação trabalhista, mas colaboravam nas tentativas de oferecer paliativos ao crescimento da pobreza. Estado e Igreja negociavam poderes e privilégios, convergindo na defesa de valores morais e civis, conclamando à colaboração e à construção da nação. Fora da legislação do trabalho, o Estado estimulava a prática filantrópica, regulando-a por meio do Conselho Nacional de Serviço Social. Nesse espaço encontravam-se a caridade religiosa, a filantropia privada e o primeiro-damismo.

A análise que Donzelot faz da função cumprida por práticas filantrópicas, na Europa industrializada do século XIX, ajuda-nos a ver como o discurso da intervenção estatal e o reforço da filantropia não são exclusivos entre si. Segundo seu argumento, como intermediadora entre iniciativa privada e Estado, a filantropia tinha dois polos: o polo médico-higienista cuidava dos problemas, colocados à economia, de conservação e integração da população ocupada nas atividades industriais, "fazendo da esfera industrial o ponto de aplicação e o suporte de uma civilização de costumes" (Donzelot, 1980, p. 57); o polo assistencial, por outro lado, particularizava demandas que teriam formulação em termos de direitos ao trabalho e à assistência, transformando-as em questões de conduta e moralidade, funcionando, portanto, como "polo que utiliza o Estado como *meio formal* de divulgar certo número de conselhos e preceitos de comportamento a fim de transformar uma questão de direito político em questão de moralidade econômica" (Donzelot, 1980, p. 56 — grifos do autor). Juntas, essas vertentes de ação e discurso permitiam que problemas sociais fossem tratados, sem que necessariamente essa resposta devesse significar aumento das prerrogativas estatais. O que parece caracterizar o período de 1930, no Brasil, é a maneira como o Estado orientou a configuração da área, estabelecendo relações e articulando aproximações com a Igreja e os empresários, mesclando elementos presentes nos polos que Donzelot descreve. A centralidade das questões relacionadas ao mundo do trabalho reuniu retórica nacionalista (do desenvolvimento do país, anticomunista), moralizante (o trabalho como dever, valores e educação cristãos) e formadora-disciplinadora (profissionalização, saúde para o trabalho). Em contrapartida, reforçou e incentivou a filantropia, o voluntarismo e o caráter privado dos problemas sociais.

1964: Estado *versus* sociedade civil

O segundo período histórico sobre o qual importa que nos detenhamos é o da ditadura militar que tem início em 1964. Isso porque, nesse regime, a colaboração entre Estado, Igreja, elites e profissionais da assistência apresenta mudanças. Nas décadas que antecederam o golpe militar, mantiveram-se algumas linhas que já se apresentavam nas décadas de 1930 e 1940. De maneira geral, houve um processo de consolidação da burguesia nacional, a legislação seguiu estimulando a criação de instituições sociais por meio de benefícios fiscais, e a LBA continuou a estimular a ação voluntária e benemerente. Um aspecto, no entanto, parece ser relevante para nossa questão: quando o presidente Juscelino Kubitschek assumiu a presidência, em 1956, foi fortalecida a ideia de que os problemas sociais seriam resolvidos por meio do desenvolvimento econômico. Essa concepção deve ter influenciado o governo: nessa gestão, o tema de plano público de regulação da assistência foi abandonado e o Conselho Nacional de Serviço Social teve uso marcadamente político. Primeiramente, tendo preservado, até então, a prevalência da sociedade civil, o Conselho passou a ter composição majoritária de representantes governamentais. Em segundo lugar, foi concedida uma série de benefícios às organizações, até o ponto de esse procedimento gerar uma defasagem de recursos da previdência em favor de privilégios para as instituições, que davam "aos trabalhadores excluídos desse sistema 'retornos minguados' e prestados como benesse ou favor" (Mestriner, 2000, p. 116). O terceiro ponto diz respeito à decisão sobre a concessão de subvenções às organizações, que passou a ser atribuição da Câmara de Deputados e do Senado. Ou seja, mais forte entre 1946 e 1954 (presidências de Eurico Gaspar Dutra — 1946/1951 — e Getúlio Vargas — 1951/1954), a tematização da questão social foi empobrecida entre 1956 e 1963, após o que a movimentação de setores populares voltou a pressionar as elites políticas e econômicas. Já nos anos de 1950, os sindicatos, as ligas camponesas, a União Nacional dos Estudantes (UNE) e os Serviços de Assistência Rural (SAR) criados pela Igreja Católica ressurgiam na cena pública. Essas e outras organizações pautavam questões de interesse próprios — como as ligas, que lutavam pela reforma agrária, ou os sindicatos envolvendo os direitos dos trabalhadores — ou de maior abrangência, como a UNE ou o ISEB (Instituto Superior de Estudos Brasileiros) que colocavam questões relacionadas à educação, à promoção de direitos e ao desenvolvimento comunitário e econômico.

O enfraquecimento da tematização da questão social pelo Estado não significou um afrouxamento de suas relações com a Igreja. Ao contrário, faz sentido argumentar que o tratamento secundário dedicado à área tenha contribuído para manter as práticas filantrópicas como aquelas características desse âmbito. Recursos públicos destinados à educação e à saúde eram, em grande medida, repassados às instituições católicas,[8] sendo esse apenas um aspecto da relação de reciprocidade entre Estado e Igreja. Foram desenvolvidos projetos estatais com sua participação, como

---

8. Mestriner indica o crescimento do número de organizações religiosas no Brasil, nessa época: Sociedade de Oblatos de Maria Imaculada (1945), Congregação das Franciscanas Filhas da Divina Providência (1946), Sociedade Civil Irmãs Santa Cruz (1947), Instituto das Irmãs Missionárias e Obra Santa Zita do Coração Eucarístico de Jesus (1950), Congregação das Filhas de Nossa Senhora do Sagrado Coração (1953), Ordem de São Bento (1953), Legião de Maria (1954). Todas realizavam trabalhos de assistência e educação às famílias, crianças, idosos, carentes e doentes (Mestriner, 2000, p. 153).

a Superintendência Nacional do Desenvolvimento do Nordeste (SUDENE) e o Movimento de Educação de Base (MEB) (Beozzo, 2001; Guimarães, 1998). No entanto, internamente à hierarquia da Igreja, setores progressistas vinham ganhando forças; os antigos movimentos laicos passaram por transformações e surgiram experiências novas, como as Comunidades Eclesiais de Base e a organização político-partidária de estudantes católicos pertencentes à JUC. Os debates da época questionavam a ligação da Igreja com o Estado e com as classes dominantes. Em 1952, surgiu a Confederação Nacional de Bispos do Brasil, CNBB, que teria papel fundamental nesse debate. Na década de 1960, no congresso de comemoração dos 10 anos da JUC, houve um embate público entre setores tradicionais da Igreja e grupos da esquerda católica. O Concílio Vaticano II (realizado entre 1962 e 1965) fez convergir e fortalecer essa vertente em ascensão.

No que se refere ao empresariado, ele se fortaleceu com a ênfase no desenvolvimento industrial e a aliança com o capital estrangeiro. A ação estatal de caráter social reduziu-se às áreas de educação e saúde e foi acompanhada de perto pela perspectiva de responder às necessidades de reprodução da força de trabalho. Significativas a esse respeito foram a ampliação do SENAI, consagrando a partilha, entre Estado e empresariado, da responsabilidade pela qualificação da força de trabalho e a criação do SESI, Serviço Social da Indústria, por meio de decreto-lei assinado pelo presidente Dutra, em 1946. Dirigido e custeado por grupos de empresários do setor industrial, o SESI oferecia assistência médica e odontológica, lazer e preparação de técnicos para os trabalhadores da área industrial, além de realizar pesquisas socioeconômicas. Tendo expandido suas ações tornou-se, referência de atendimento social.

Com o golpe militar, em março de 1964, foram lançadas as bases de um período de violenta repressão, característica de um governo autoritário. No poder, os militares passaram a comandar o país por meio de atos institucionais e complementares, decretos-lei e emendas constitucionais.[9]

---

9. A ação golpista reuniu, no que foi chamado de Supremo Comando Revolucionário, os militares: Gal. Arthur da Costa e Silva, Brigadeiro Francisco de Assis Correia de Mello e Vice-almirante Augusto Hamann Rademaker Grünewald. Foram presidentes nesse período: Gal. Humberto de Alencar Castelo

Em dezembro de 1968 foi decretado o Ato Institucional n. 5, cujos efeitos de repressão e centralização de poder marcaram a retirada de apoio da Igreja Católica ao governo.

Na época, a Igreja Católica abrigava grupos que vinham questionando o seu papel na sociedade e seu posicionamento diante dos problemas da desigualdade e de aumento da pobreza. Entre 1962 e 1965, aconteceu o Concílio Vaticano II, que reuniu religiosos de todo o mundo em Roma. Nesse momento, tornaram-se mais visíveis as propostas de orientação da Igreja na direção de uma aproximação com os pobres e o posicionamento em sua defesa, especialmente na América Latina. Essas ideias ganharam força, ocasionando dois encontros (a 2ª e a 3ª Conferências do Episcopado Latino-Americano, em Medellín — 1968; e Puebla — 1979, respectivamente), que explicitaram o tema da *opção pelos pobres*, expressão recorrente para designar essa tendência. Em 1964, essa vertente era identificada não só com o arcebispo de Olinda e Recife, dom Helder Câmara, mas passara a caracterizar a própria CNBB. No entanto, a tomada do poder pelos militares causava impacto nessa dinâmica, levando os defensores das mudanças na Igreja para longe dos principais lugares de liderança da instituição. Dom Helder e muitos de seus companheiros perderam as eleições internas para os postos de comando da CNBB e foram transferidos para arquidioceses distantes da agitação política da época. O grupo que assumiu inverteu as prioridades estabelecidas pelo grupo de dom Helder, relegando as propostas de ação social da Igreja a último plano e priorizando ações voltadas para os presbíteros e as comunidades. A partir daí, a hierarquia da Igreja apoiou o regime militar. Em junho de 1964, a CNBB manifestou-se a favor do governo, uma vez que ele combatia o perigo do comunismo e invocava valores de respeito e preservação da vida e da dignidade. Já em 19 de março desse ano, acontecera a Marcha da Família com Deus pela Liberdade, que aproximava a Igreja dos setores conservadores da sociedade. A participação da Igreja na Marcha tomou ares de aval ao golpe. Essa hierarquia católica foi a mesma que abandonou

---

Branco (1964 a 1967), Mal. Arthur da Costa e Silva (1967 a 1969), Gal. Emílio Garrastazu Médici (1969 a 1974), Gal. Ernesto Geisel (1974 a 1979) e Gal. João Baptista Figueiredo (1979 a 1985).

os grupos de esquerda da Igreja, quando estes sofreram a truculência da repressão militar, junto com as organizações populares. A Ação Católica, o Movimento de Educação de Base, as Comunidades Eclesiais de Base, o Conselho Indigenista Missionário e a Comissão Pastoral da Terra são exemplos do trabalho e das ações desenvolvidos pelos grupos católicos que se comprometeram com uma Igreja próxima dos pobres, posicionada claramente contra o capitalismo e seus efeitos de produção de desigualdade e injustiça sociais. A Teologia da Libertação condensava as orientações desses grupos (Beozzo, 2001; Araújo, 2004).

A radicalização militar a partir de 1968 também levou o empresariado industrial a retirar o apoio ao regime, embora por outra justificativa: a concentração do poder no executivo impedia o acesso dos grupos de empresários à arena das decisões políticas e econômicas. Diniz e Boschi (2004) dividem esse período em três fases: a primeira é marcada pelos efeitos de uma política ortodoxa de estabilização econômica, do golpe até 1967; a segunda caracteriza-se pela organização empresarial que, por meio de conselhos econômicos, levou seus interesses para a negociação com o aparelho estatal. Esse é o momento (às custas de um endividamento externo que, internalizado, transformou "em pública uma dívida originada de empréstimos ao setor privado" (Diniz e Boschi, 2004, p. 38) que ficou conhecido como milagre econômico, no início dos anos de 1970. A terceira, a partir de 1974, é a da insatisfação crescente com o fechamento da margem de negociação entre empresários e militares que, implicando perda de poder econômico e político, resultou em oposição ao governo por meio da defesa de desestatização da economia. Isso porque o regime militar acentuou o controle estatal da atividade econômica, instituindo extensa burocracia técnica. Do ano do golpe até 1969 foram criadas 46 empresas estatais. No governo do general Médici, foram criadas mais 74, levando a um domínio estatal nos setores de energia, siderurgia e telecomunicações (Pereira, 1974).

A burocracia técnica instalada na área econômica teve seu equivalente nas ações dirigidas à questão social. O distanciamento da Igreja e de setores industriais em relação ao Estado relacionou-se à configuração da área social de forma negativa. Isto é, ocorreu o isolamento dos atores que, anteriormente, tinham afinidades e estabeleciam relações entre si e que ajudavam a configurar a esfera de tratamento das questões sociais, o que levou a ações igualmente isoladas, desenvolvidas à sombra de seus executores.

A retirada de apoio ao regime, pela Igreja, é descrita por Alves (1979) em termos de desentendimento mais do que de ruptura. Ele cita uma série de tentativas de negociação, entre militares e a hierarquia da Igreja, durante os anos de ditadura. Até o enrijecimento da oposição católica, no governo Geisel, teria sido um desencontro de expectativas. Em termos gerais, esse desencontro residiu em que o governo militar exigia apoio incondicional da Igreja, retirando-lhe a possibilidade de declarar independência institucional em relação ao regime e subordinando-a de tal maneira que não lhe seria possível disputar espaço com outras religiões crescentes, nem com organizações de inspiração marxista. Por outro lado, a Igreja acreditava que os militares aceitariam sua independência, entendendo que assim seu apoio seria mais eficaz, o que não aconteceu. Com o crescimento dos grupos católicos aliados a movimentos populares, os conflitos aumentaram. A Ação Popular, por exemplo, aproximou-se cada vez mais das ideias marxistas e, em razão da perseguição política, tornou-se clandestina e aderiu à luta armada. Dissolveu-se em 1973 e seus membros se incorporaram ao Partido Comunista do Brasil.

As ações sociais dos grupos de empresários, por sua vez, continuaram a ser desenvolvidas, sempre relacionadas ao ambiente da fábrica e ao aumento da produtividade, por meio do investimento na saúde e na formação dos trabalhadores. São exemplos dessa linha a criação da Comissão Técnica Permanente de Higiene e Segurança Social pelo SESI, em 1965, e o I Ciclo Brasileiro de Bem-Estar Social na Empresa, em novembro de 1966[10]. Na década de 1950, a partir da repercussão de uma publicação americana — *Social Responsabilities of the Businessmen* — entre os universitários da área de administração dos Estados Unidos (publicação que desenvolvia de maneira pioneira o assunto da responsabilidade que os empresários tinham dentro da sociedade), o tema difundiu-se, chegando aos círculos

---

10. Dados retirados de <www.sesi.org.br>. Acesso em: jan. 2005.

empresariais e acadêmicos europeus, nos anos de 1960, e empresariais brasileiros, em 1970. Em 1971, na 56ª Conferência Internacional do Trabalho em Genebra, as ideias de Peter Drucker[11] foram discutidas como uma nova tendência empresarial, segundo a qual as empresas deveriam ser entendidas como organismos participantes dos rumos e acontecimentos da sociedade. No Brasil, essa discussão chegou por intermédio de organização ligada à Igreja Católica, a Associação dos Dirigentes Cristãos de Empresa (ADCE), formada por empresários que visavam conciliar os princípios da Doutrina Social da Igreja com sua atuação nos negócios.[12]

---

11. Mais conhecido pelo desenvolvimento da gestão como disciplina, o primeiro biógrafo oficial do consultor de empresas Peter Drucker atribui à sua obra mais duas contribuições para o ramo dos negócios: a identificação da produção em massa como "forma superior de organização do processo produtivo" e o conceito de "grande empresa". Seus livros mais importantes sobre esses temas são *O Futuro do Homem Industrial* e *Conceito de Corporação*. Tornou-se referência no desenvolvimento de ideias relacionadas à emergência de um setor sem fins lucrativos, de empreendedorismo social e de responsabilidade social das empresas. Sobre sua biografia (*The World According to Peter Drucker*), ver <www.janelaweb.com/manage/beatty.html>.

12. Os princípios da ADCE estão reunidos em 10 tópicos:

"1. Aceitamos a existência e o valor transcendente de uma ética social e empresarial, a cujos imperativos submetemos nossas motivações, interesses, atividades e a racionalidade de nossas decisões; 2. Estamos convencidos de que a empresa, além de sua função econômica de produtora de bens e serviços, tem uma função social que se realiza através da promoção dos que nela trabalham e da comunidade na qual deve integrar-se. No desempenho desta função, encontramos o mais nobre estímulo à nossa autorrealização. 3. Julgamos que a empresa é um serviço à comunidade, devendo estar aberta a todos os que desejam dar às suas capacidades e às suas poupanças de uma destinação social e criadora, pois consideramos obsoleta e anacrônica a concepção puramente individualista da empresa. 4. Consideramos o lucro como indicador de uma empresa técnica, econômica e financeiramente sadia e como a justa remuneração do esforço, da criatividade e dos riscos assumidos. Repudiamos, pois, a ideia de lucro como única razão da atividade empresarial. 5. Compreendemos como um compromisso ético as exigências que, em nome do bem comum, são impostas à empresa, especialmente pela legislação fiscal e pelo direito social. 6. Temos a convicção de que nossa atividade empresarial deve contribuir para a crescente independência tecnológica, econômica e financeira do Brasil. 7. Consideramos nossos colaboradores todos os que conosco trabalham, em qualquer nível da estrutura empresarial. Respeitamos todos, sem discriminação à dignidade essencial da pessoa humana; queremos motivá-los a uma adesão responsável aos objetivos do bem comum, despertando suas potencialidades e levando-os a participar cada vez mais da vida da empresa. 8. Consideramos como importante objetivo da empresa brasileira elevar constantemente os níveis de sua produtividade, sempre acompanhada pelo crescimento paralelo da parte que por imperativo e justiça social cabe aos assalariados. 9. Comprometemo-nos a dar a todos os nossos colaboradores condições de trabalho, de qualificação profissional, de segurança pessoal e familiar, tais que a vida na empresa seja para todos um fator de plena realização como pessoas humanas. 10. Estamos abertos ao diálo-

Ao relacionar as ações e objetivos empresariais ao contexto social, essa associação produziu uma fala cujos termos remetem à discussão sobre a "responsabilidade social" das empresas, bastante em voga atualmente. Isto é, se a maior parte das ações empreendidas por grupos de empresários estava voltada para os funcionários, os princípios que orientavam a ADCE falavam de uma ética social e empresarial que se deveria sobrepor às decisões que visassem unicamente o aumento do lucro. Essa ética exigia, portanto, que os empresários tivessem e demonstrassem preocupação com a situação da sociedade e inserissem, entre suas atividades comerciais, ações que beneficiassem a vida em sociedade. Como vimos, na década de 1990, as ações de responsabilidade social levantam as mesmas questões.

A atuação do Estado, por sua vez, merece atenção mais detida, pois nesse período se estabeleceram traços de funcionamento da área social que estão presentes até hoje. O argumento da tomada de resoluções em defesa do bem-estar social esteve presente na fala dos cinco[13] presidentes militares que governaram o país no período autoritário. De início, esse bem-estar ainda estava fortemente relacionado às vantagens que seriam criadas com o desenvolvimento econômico. Com o aumento da violência e da repressão, as práticas assistenciais apareciam acompanhadas de argumentos em prol da segurança. A presença de um corpo técnico forte defendia as ideias de planejamento e eficiência da ação estatal que, com um discurso economicista, elegeu a educação e a saúde como áreas de investimento. De fato, o regime militar investiu no ensino público (transferiu recursos para o ensino primário, capacitou professores, criou o Movimento Brasileiro de Alfabetização, o MOBRAL) e na saúde (criou o Ministério da Previdência e Assistência Social, o Instituto Nacional de Previdência Social, INPS e estendeu a previdência à população rural). No

---

go com todos os que comungam de nossos ideais e preocupações, no sentido de contribuir para o permanente aperfeiçoamento e atualização de nossas instituições econômicas, jurídicas e sociais, a fim de garantir para o Brasil um desenvolvimento justo, integral, harmônico e acelerado" (Opinião ADCE-Brasil apud Lima, 2001, p. 17, 18).

13. Como já foi mencionado, os presidentes nesse período foram: Gal. Humberto de Alencar Castelo Branco (1964 a 1967), Mal. Arthur da Costa e Silva (1967 a 1969), Gal. Emílio Garrastazu Médici (1969 a 1974), Gal. Ernesto Geisel (1974 a 1979) e Gal. João Baptista Figueiredo (1979 a 1985).

entanto, na educação o privilégio recaiu sobre áreas da ciência aplicada, como engenharia e administração, tendo poucos resultados na alfabetização e nos 1º e 2º graus. Na saúde, por outro lado, viu-se a extensão dos serviços privados com financiamento público (financiando a construção de hospitais privados por meio de empréstimos) e um entendimento dicotômico de atenção à saúde: o enfoque curativo centralizado no Ministério da Previdência, e o preventivo, no Ministério da Saúde. Ao lado dessas ações e medidas, o Estado autoritário inaugurou uma nova forma de relação com as organizações de filantropia privada: o estabelecimento de convênios. Até então, o Estado concedia privilégios fiscais e repassava recursos a essas organizações. Por meio do convênio, o repasse financeiro passou a ser feito mediante contrato que responsabilizava as organizações no sentido de executarem ações de responsabilidade estatal. Com isso, as instituições acrescentaram novos mecanismos de seleção e estabeleceram critérios de atendimento às ações que desenvolviam, uma vez que incorporaram a segmentação de públicos que já orientava a burocracia estatal.

Essa prática foi reproduzida nos níveis municipal e estadual, que já haviam criado seus departamentos e secretarias de assistência, dispersando recursos e sobrepondo atribuições e ações. Ao que parece, a prática social apresentada ou entendida como caritativa passou, ao menos, a dividir essa qualidade com um traço administrativo mais acentuado, injetando novas formas de atendimento, caracterizados por princípios de gestão.

Para essa racionalização também deve ter contribuído o desenvolvimento do serviço social como prática profissional. As escolas de formação dos assistentes sociais, intimamente ligadas às ações religiosas quando de seu surgimento, já passavam, nesse período, por um momento de desenvolvimento, enquanto um campo sistematizado de conhecimento e experiência. Segundo Netto (2001), houve a conjunção de três fatores que contribuíram para a abertura de um mercado de trabalho para os assistentes sociais: as mudanças no aparelho estatal, o crescimento industrial e o aumento do número de entidades filantrópicas. A reorganização de instituições do Estado deixou mais complexa a estrutura em que atuavam esses profissionais, exigindo-lhes maior especialização. As empresas, por sua vez, na chave da necessidade de gerir e controlar a força de trabalho, também desenharam um perfil diferenciado de profissional, que se caracterizava pela familiaridade com técnicas de gerência e a capacidade de submeter seu trabalho a avaliações e medições. Impulsionadas por esse movimento e pelo crescente pauperismo, as organizações de filantropia contribuíram para a consolidação desse novo mercado, recrutando assistentes sociais, o que não era comum até esse momento. Esse dimensionamento técnico incidiu sobre a formação dos profissionais da assistência, ao mesmo tempo que o aumento do número de alunos e cursos de Serviço Social introduziu a área no ambiente universitário. Foi exatamente durante o período ditatorial que o Serviço Social desenvolveu "potencialidades sem as quais não apresentaria as características com que veio atravessando a década de 80" (Netto, 2001, p. 127).

Com as mudanças que lhe vinham sendo impostas, a prática e a produção teórica do Serviço Social teve aprofundado o seu processo de laicização, fundamental para a renovação que sofreu. Embora ela se manifeste também numa pluralização de práticas profissionais, foi nos esforços de validação teórica que a área produziu seus maiores avanços. Ela ampliou o leque de abrangência de suas discussões, beneficiando-se da interlocução com outras áreas das Ciências Humanas e colocando sua própria atuação profissional como objeto de crítica e questionamento. Foi também por conta desse investimento intelectual que se ampliaram e renovaram os espaços de encontro, produção e troca entre os profissionais da categoria. Tradicionalmente, a cargo de antigas instituições filantrópicas, fóruns e seminários passaram a ser organizados e a contar com a presença de assistentes sociais que discutiam práticas, orientações e conhecimentos múltiplos. Nessa movimentação, foram consolidadas as bases do que, nas décadas seguintes, se configurou como uma atuação politizada e defensora de direitos, contra práticas assistencialistas.

O início da década de 1990

Considerando os atores cujas relações nos interessam aqui, é possível afirmar que eles assumem posicionamentos em relação ao discurso predominante na área social, do qual o do *novo* voluntariado faz parte, que se assemelham a posicionamentos em relação aos debates que se configuravam em torno de temas mais amplos como reforma do Estado, abertura da economia e medidas liberalizantes.[14] O regime militar havia sido encerrado por meio de acordos e jogos políticos, numa transição que muitos autores já caracterizaram como negociada, sem rupturas entre os políticos que saíam e os que entravam nos cargos públicos. De qualquer maneira, os movimentos populares tiveram atuação destacada nesses anos e muitas de suas reivindicações ressoaram no processo de redação da Constituição promulgada em 1988. Entretanto, no mesmo momento final da década de 1980 já haviam tido início debates sobre ideias de responsabilidade e potencialidade, social ou individual, no que dizia respeito aos problemas da sociedade, por meio das discussões sobre reforma do Estado e reformulação de suas funções. *Survey* realizado entre dezembro de 1989 e junho de 1990 (Santos e Lamounier, 1992) com pessoas identificadas como parte da elite[15] do país (empresários, líderes sindicais, políticos, administradores públicos, oficiais, forças armadas, intelectuais, profissionais liberais, jornalistas e líderes associativos) perguntava a seus entrevistados que grau de concordância tinham com a ideia de que a atuação do setor público deveria limitar-se às áreas clássicas: segurança, educação e justiça. Empresários, militares e imprensa expressaram muita concordância, enquanto os demais, políticos, administradores públicos, intelectuais e líderes associativos e sindicais, concentraram-se na alterna-

---

14. Alguns atores trabalham a relação entre esses debates em âmbito nacional e debates semelhantes em âmbito internacional. Nessa linha, o conhecido Consenso de Washington é considerado ponto fundamental. A expressão tem origem na denominação criada por um economista norte-americano chamado John Williamson para designar um conjunto de recomendações a serem tomadas pelos administradores públicos de países em desenvolvimento. Essa questão será retomada no capítulo seguinte. Por ora, importa registrar que as críticas às ideias afins a essas recomendações guardam proximidade com as críticas feitas ao *novo* voluntariado (especialmente no que ambas significam, para esses críticos, em termos de diminuição das responsabilidades estatais), o mesmo acontecendo em relação aos argumentos em favor de ambos (especialmente no que representam, para seus defensores, enquanto sinal de mudança e modernização da sociedade).

15. Como elite, a pesquisa considerou "aquelas pessoas que se destacam pela sua capacidade de formar a opinião, de originar propostas ou de coordenar ações com vistas a um objetivo" (Santos e Lamounier, 1992, p. 17).

tiva "pouca ou nenhuma concordância" (Santos e Lamounier, 1992, p. 13). Debatendo os resultados da pesquisa, Paul Singer e o então senador Fernando Henrique Cardoso parecem representar os dois argumentos em torno dos quais essa discussão se polarizava: Singer chamava a atenção para o que essa proposta de reestruturação do Estado e de suas funções possuía de investida liberal-conservadora de "sucatear o Estado e não só no que ele tem de possivelmente ultrapassado (...), [mas] enquanto redistribuidor de renda e enquanto distribuidor de salário indireto (...)" (Santos e Lamounier, 1992, p. 24). Cardoso, por sua vez, recusava a ideia de sucateamento, defendendo a necessidade de remodelação de atribuições, tratando-se, portanto, de tornar setores estatais "mais transparentes, enxugá-los, não só no sentido de cortar pessoas, mas no sentido de torná-lo um instrumento da sociedade" (Santos e Lamounier, 1992, p. 29). Essa matriz de argumento, que defendia a transformação da "administração pública brasileira, de burocrática, em gerencial" (Pereira e Spink, 1999, p. 22), apareceria no centro dos debates sobre reforma do Estado nos anos seguintes.

No que diz respeito aos grupos de empresários, a defesa das medidas que levassem a uma economia livre do controle estatal já era perceptível no posicionamento desse grupo durante os trabalhos da Assembleia Nacional Constituinte. Analisando o discurso empresarial durante o período de transição para o regime democrático, sobre o papel do Estado nos processos econômicos, Baltar (1996) identifica algo mais amplo, um projeto em que esse discurso se apoia e que orienta esse grupo. Redefinindo conceitos sobre relações com o Estado e com a sociedade, de seu ponto de vista, esse é um projeto de modernidade. Nele, a determinação exclusiva do mercado sobre o processo produtivo significaria também descentralização de poder, o que estimularia a construção de acordos e consensos, a integração nacional à economia internacional, com autonomia para investimentos locais e a vigência plena de um sistema democrático, o mais adequado para "a construção da hegemonia necessária à organização *moderna* de relacionamento entre o Estado e a sociedade civil, cuja base material esteja alicerçada em uma produção capitalista diversificada e dinâmica" (Baltar, 1996, p. 106, grifo do autor).[16] A defesa desse projeto não significou a formação de um empresariado coeso e consensual. Existiam grupos cujas lideranças tinham lugar garantido nas arenas de decisões políticas e de mobilização das bases empresariais, que possuíam ressalvas a esse projeto, menos por um posicionamento ideológico e mais pela projeção de possíveis efeitos de sua adoção sobre os próprios interesses. Ainda assim é possível afirmar que, nesse momento, configuraram-se dois grandes grupos de empresários, com maior ou menor adesão àquele conjunto de ideias identificado como projeto de modernidade, que passariam a aparecer publicamente como empresários modernos e empresários conservadores.[17] Esses dois grupos participavam ativamente dos trabalhos da Assembleia Constituinte, tentando influenciar na criação de uma legislação que refletisse suas orientações. Sallum afirma que, apesar dos esforços destes grupos, seu crescimento "sociopolítico" não se converteu

---

16. O autor faz uma distinção entre os elementos que estão presentes nesse projeto de modernidade do empresariado nacional e elementos que comporiam um projeto neoliberal. A distinção, apesar dos elementos comuns a ambos, é sustentada pelo autor sobre dois argumentos. O primeiro é de definição de conceito de neoliberalismo, que possui duas acepções: para países europeus e norte-americanos, o neoliberalismo relaciona-se a um conjunto de ações que investem contra a estrutura do *welfare state*; para os países da periferia do capitalismo, diz respeito ao conjunto de ações relacionadas às normas de ajuste monetário e fiscal impostas ao país por organismos internacionais, como o FMI e o Banco Mundial. Assim, o neoliberalismo (de significado distinto no Brasil, apesar de apresentar similaridades com o neoliberalismo em sua origem) seria mais amplo que o projeto de modernidade. O segundo é o de que os igualar tem o duplo efeito pernicioso de supervalorizar o controle do capital internacional sobre a dinâmica interna e subestimar a coesão, organização e capacidade de interferência de grupos empresariais sobre decisões políticas e econômicas no plano nacional. Sobre a definição utilizada pelo autor, embora suscite interesse pela contribuição que representa à identificação clara do que está se falando quando o neoliberalismo é mencionado, há que se considerar que no cenário nacional, opiniões e decisões do poder público na área social fizeram com que o termo extrapolasse as medidas de ajuste econômico. Se, no Brasil, não se pode falar de uma investida contra o Estado de Bem-Estar Social porque ele nunca chegou a se consolidar, argumento comum, aqui também houve ações que, para os críticos das medidas liberalizantes, investiram contra algumas poucas garantias sociais a cargo do Estado. Voltaremos a essa discussão mais adiante. Vale destacar, finalmente, que quando fala de "projeto", o autor não quer designar um plano, uma estratégia de ação, mas "um horizonte ideológico que permite a articulação e a mobilização da burguesia na transição" (Baltar, 1996, p. 103).

17. Enquanto Oded Grajew e Emerson Kapaz despontavam como a face moderna do empresariado nacional, fundando o PNBE e defendendo a livre-iniciativa na Constituinte, Luis Eulálio de Bueno Vidigal e Albano Franco, presidentes da FIESP e da CNI, respectivamente, representavam o atraso.

em "força político-institucional" (Sallum, 2000, p. 27) e suas aspirações não se concretizaram na Carta de 1988.

As medidas de abertura econômica e as privatizações, iniciadas já no final da década de 1980 e acentuadas ao longo dos anos 1990, incidiram também sobre a forma de interlocução e negociação entre Estado e empresários. Segundo Diniz e Boschi (2004), no início da industrialização nacional (1938 a 1945), houve um grande número de criações de sindicatos patronais. Entre 1970 e 1980 ocorreu um pico na criação de associações independentes. A partir de 1990, pôde-se observar a interrupção na criação de novas associações, fossem sindicatos ou associações independentes, extracorporativas. O que os autores observam nas características dessas organizações de empresários é a substituição do corporativismo pela oferta de serviços e incentivos regendo a lógica da associação, a profissionalização dos *lobbies* (incentivada pela centralidade do Legislativo no cenário pós constituição) e os esforços generalizados de modernização na representação de seus interesses, adaptando suas estruturas "às mudanças no perfil institucional do país" (Diniz e Boschi, 2004, p. 84).

Utilizando a descrição da concorrência entre diferentes grupos em torno da Constituição, é possível supor que a então recente experiência movimentalista da década de 1980 tenha levado agentes dela participantes a disputar espaço, nos trabalhos da Assembleia Constituinte, com defensores desse ideário ainda em formação. Fernandes (1988) aponta nessa direção quando afirma que a "convocação da participação popular — do indígena ao professor universitário compensou os *lobbies*, os grupos de pressão e de interesses, que passaram a atuar junto aos constituintes de forma insistente e permanente, reforçando interesses particularistas que já grassavam entre os próprios parlamentares" (Fernandes, 1988, p. 6, grifo do autor). A promulgação de leis como o Estatuto da Criança e do Adolescente e a Lei Orgânica da Saúde, em 1990, resultantes de discussões e mobilizações de profissionais e militantes em cada uma de suas áreas, sugere que havia concepções divergentes às chamadas neoliberais, sobre direitos sociais e sobre expectativas em relação ao papel do Estado, no debate público. Exercendo influência sobre a elaboração das leis, os grupos organizados continuaram ativos na fase posterior de construção de espaços institucionalizados de participação. Os conselhos municipais, estaduais e nacionais nas áreas da infância e adolescência e da saúde foram cenários privilegiados dessa construção, palcos de dilemas e disputas entre grupos que portavam concepções distintas de responsabilidade ou prestação de serviços públicos.

Na área da Assistência, no entanto, a Lei Orgânica não foi aprovada logo após a promulgação da Constituição, o que só aconteceu cinco anos depois. O agravamento das condições de pobreza reforçava a presença das defesas de tomadas de decisões para seu enfrentamento no discurso político. Mestriner (2000) mostra como, provavelmente, o uso político da área social levava ao desinteresse por sua regulamentação. Desde a segunda metade da década de 1980, entretanto, vinha se desenvolvendo uma série de encontros, pesquisas e discussões para qualificar os conceitos e as práticas da assistência, tendo como horizonte a reestruturação dos órgãos responsáveis pela regulação da área, como o Conselho Nacional de Serviço Social (CNSS), a Legião Brasileira de Assistência (LBA), secretarias e ministérios. Em novembro de 1990, o então presidente Fernando Collor vetou o projeto de lei elaborado no ano anterior, a partir do I Simpósio de Assistência Social. Em 1991, ao mesmo tempo que se realizavam discussões de que participavam universidades e grupos de trabalho estaduais, além de diversos órgãos da área, veio à tona um esquema de corrupção envolvendo Estado e organizações sociais.

Roseane Collor, primeira-dama e presidente da LBA, havia empregado diversos familiares e, por meio de favorecimentos a empresas e entidades fantasmas, desviava recursos federais. Além da desmoralização pública da instituição, houve a interrupção dos esforços para remodelá-la, significando desconsideração das discussões dos profissionais e retorno ao padrão de atendimento de caráter assistencialista e clientelista que eles pretendiam combater. Ainda segundo Mestriner, o Conselho Nacional de Serviço Social não recebeu atenção desse governo, uma vez que as subvenções eram repassadas pela LBA, com base em seus critérios políticos e clientelistas. Ele passou a ser parte do Ministério da Ação Social (ex- -Secretaria Especial de Ação Comunitária, criada pelo então presidente José Sarney), igualmente tomada pelo nepotismo. No ano de aprovação da

Lei Orgânica de Assistência Social, LOAS, um novo esquema de corrupção desferiu outro golpe sobre a área de assistência, envolvendo, dessa vez, o CNSS e o Ministério da Ação Social. Por um lado, a Constituição de 1988 permitia que o Congresso alterasse o orçamento. Por outro, a autorização sobre subvenções havia deixado de ser atribuição dos conselheiros do CNSS para ser responsabilidade de parlamentares. Segundo Mestriner, a comissão de orçamento transformou-se em um "balcão de negócios e, por consequência, numa máquina de corrupção" e o CNSS em "ponto estratégico para quem desejava ter acesso a subvenções sociais e a verbas a fundo perdido do Ministério da Ação Social" (Mestriner, 2000, p. 197).[18]

As denúncias comprovadas pela instauração de uma CPI desgastaram a imagem do governo, mas, de maneira mais ampla, do CNSS e da área da assistência como um todo. Nesse mesmo ano, 1993, no mês de dezembro, a Lei Orgânica da Assistência Social foi aprovada pelo presidente Itamar Franco, com alguns vetos. Raichelis (1998), descrevendo o contexto em que se iria instituir o Conselho Nacional de Assistência Social, em substituição ao CNSS, deixa transparecer uma relação tensa com o Executivo e de resistência à aprovação da LOAS. Resistência que incidiu, inclusive, sobre o próprio corpo da lei. O caso que a autora relata diz respeito à concessão de Benefício de Prestação Continuada a pessoas com mais de 70 anos e com renda inferior a um quarto de salário mínimo. O critério de renda e idade para a concessão do benefício resultou "de duro embate político entre as forças organizadas da sociedade civil e os responsáveis pela política econômica do governo Itamar, que realizaram substancial alteração nas propostas contidas no projeto original (...)[19]" (Raichelis, 1998, p. 149).

---

18. A autora descreve os meandros do esquema que, basicamente, se resume ao seguinte: o diretor do Departamento de Orçamento da União, José Carlos Alves dos Santos, tornara-se, também, conselheiro do CNSS. Como conselheiro, distribuía os 7,8 milhões de dólares de que dispunha para os 584 parlamentares envolvidos, por meio de entidades fantasmas que ele mesmo incluía entre as entidades cadastradas no CNSS. Como diretor do Departamento de Orçamento da União, adequava as ficções à peça orçamentária.

19. Vale a pena reproduzir o depoimento de um membro da Associação Nacional de Servidores da LBA, Anasselba, tanto porque está na base dessa análise feita pela autora, quanto porque sinaliza para relações que serão recrudescidas futuramente: "Porque nós tivemos muitos adversários

Esse tipo de intervenção é tão fundamental, do ponto de vista da LOAS, porque sua formulação está lastreada em toda a discussão entre órgãos e profissionais da assistência que a conceberam de maneira totalmente distinta da concepção em que ela se situava tradicionalmente: não como ajuda, não como atribuição de indivíduos, não como sujeita a voluntarismos de uma filantropia particular e sim como direito, como responsabilidade a ser assumida pelo Estado e regulada por uma legislação, por órgãos e por uma política pública específicos para sua garantia. Além do contexto em que é afirmada, é preciso destacar a validade da imagem utilizada por Raichelis de "navegar contra a corrente", uma vez que a ideia de enxugamento da máquina estatal já era alvo de debates, sob a justificativa de racionalização e, principalmente, de ineficiência do Estado.

No que se refere à Igreja Católica, a aproximação dos problemas sociais, para além das práticas assistenciais por meio de instituições filantrópicas, pareceu ter se consolidado como uma vertente de sua atuação. Doimo (1995), que acompanhou a ação da Igreja junto aos movimentos populares, na década de 1980, vê a instituição enfrentando dilemas internos que remetem à necessidade de encontrar seu lugar e definir por quais caminhos seguir. Segundo sua análise, também foram colocados para a Igreja Católica os dilemas enfrentados pelos movimentos quando foram instituídos os espaços formais de participação. Talvez, por isso mesmo, em determinado momento ela descreva um quadro dicotômico: de um lado, as ONGs ecumênicas que, "livres de constrangimentos autocráticos (...) transitarão com muito mais desenvoltura na nova conjuntura política, sem culpas e sem quaisquer pruridos quanto à integração positiva com a institucionalidade política". De outro, as CEBs, descritas como um mo-

---

no processo de elaboração da LOAS, principalmente dois grandes inimigos da época que foram Fernando Henrique Cardoso [ministro da fazenda] e hoje [então] ministro Serra, na época deputado federal. Eles tentaram inviabilizar por todos os lados, inclusive o Juthay [ministro do Bem-Estar Social] chegou a chamar seus assessores que estavam encaminhando junto com a sociedade civil a proposta de lei, para dizer a eles que parassem com tudo, porque o FH e o Serra não queriam a Lei Orgânica de Assistência Social (...). Depois de muito confronto, ele tentou essa limitação do *per capita*, a questão da idade, como acabou ficando, tudo isso forçado pelo ministério da fazenda..." (Raichelis, 1998, p. 149).

delo em exaustão, e os católicos da Teologia da Libertação, de "condutas refratárias ao necessário impulso modernizador, especialmente no que se refere ao trato com a esfera política institucional" (Doimo, 1995, p. 208). Aquelas realizam o que estas começavam a fazer "timidamente": "começaram não só pensar na fase ativo-propositiva do movimento popular, como a refletir sobre as relações entre 'mercado, comunidade e religião'" (Doimo, 1995, p. 209). Para além da "timidez", a própria autora cita iniciativas da Igreja Católica, como a criação de uma Pastoral Política, uma rede de militantes cristãos chamada Movimento Fé e Política, a Central de Movimentos Populares e os encontros promovidos pelo Centro de Estatística Religiosa, o Ceris, órgão oficial da CNBB, para discutir o "'funcionamento das prefeituras e câmaras municipais', em nome do início da 'reflexão de uma realidade em plena mudança'" (Ceris, 1989; Pinheiro e Medina, 1989 apud Doimo, 1995, p. 208).

De qualquer maneira, a Igreja Católica, apesar de todos os diagnósticos sobre sua perda de espaço e de fiéis, esteve presente nas arenas de política institucionalizada e manteve-se tematizando, em ações próprias, questões relacionadas à pobreza, ao desemprego, à injustiça social e ao meio ambiente. Em 1991, a CNBB realizou a primeira Semana Social Brasileira, em Brasília, com o tema "Mundo do Trabalho, desafios e perspectivas no Brasil de hoje". A Semana Social Brasileira é uma das atividades promovidas pelo setor de pastoral social da CNBB, definidas por Araújo (2004) como "eventos de repercussão política" (Araújo, 2004, p. 154), que acontecem anualmente, para além das ações de execução de políticas públicas, por meio de suas instituições de atendimento à população empobrecida. Nessa primeira semana, foram discutidos temas relacionados à modernização tecnológica dos meios de produção, como o desemprego e as relações de trabalho precarizadas. A segunda, estendendo-se de 1993 até 1994[20] (entre encontros regionais que antecederam o nacional), a partir do tema "Brasil: alternativas e protagonistas", gerou um outro evento anual: o "Grito dos Excluídos". Integrado à Romaria dos Trabalhado-

---

20. A terceira Semana Social Brasileira aconteceu entre os anos de 1997 e 1999 e a quarta entre 2004 e 2006.

res, que reúne milhares de fiéis na cidade de Aparecida, interior de São Paulo, sempre no dia 7 de setembro, o evento procura reunir entidades, representantes de outras religiões cristãs, movimento e centrais sindicais com o objetivo de

> desenvolver a consciência de uma cidadania ativa em três dimensões: denunciar os mecanismos que concentram renda, riqueza e poder nas mãos de poucos e provocam exclusão social crescente; alertar a sociedade para o desrespeito à soberania nacional do modelo econômico e político adotado pelos últimos governos; apontar caminhos novos, muitos já descobertos pela população e pelos movimentos, na construção de uma nova sociedade[21] (jornal *Grito dos Excluídos* apud Araújo, 2004, p. 162).

Em 1999, o Grito dos Excluídos aconteceu em doze países das Américas do Sul e Central. Esse número, atualmente, subiu para vinte países que participam do "El Grito Continental de los Excluídos Por Trabajo, Justicia y Vida". Segundo Araújo, espera-se, como meta, "o protagonismo dos próprios excluídos na sua [do evento] direção e condução e isso em todas as fases, desde a preparação, sua realização, avaliação e prosseguimento" (Araújo, 2004, p. 164).

No próprio campo das organizações da sociedade civil ou não governamentais, permaneceu um grande número de instituições de origem religiosa e aí não só da Igreja Católica, mas de diversas religiões e crenças. Embora não tenhamos como afirmar, podemos levantar a questão da possibilidade de que nesse momento se estava formando um cenário social mais favorável aos setores progressistas da Igreja Católica, no que diz respeito às suas críticas às desigualdades e injustiças sociais. É possível identificar dois momentos de um mesmo processo que leva a isso: o primeiro deles abarca os períodos de 1930 e 1960 e caracteriza-se pelo

---

21. Aparecem, no mesmo documento, objetivos específicos do evento. Chama a atenção a abrangência das questões e os termos politizados: "alertar a sociedade sobre a questão da água; levar às ruas as pessoas sem trabalho, com fome, excluídas; retornar com mobilizações de combate à ALCA, à dívida externa, à militarização, à ingerência do FMI na política nacional, ao desemprego e à violência; fazer com que o cidadão possa superar o *patriotismo passivo*, que limita a assistir aos desfiles, para um *patriotismo ativo*, na luta por um país livre" (Araújo, 2004, grifos no documento original).

fato de que, neles, a hierarquia católica assumia uma postura de rejeição e resistência a elementos contextuais com que os setores progressistas mostravam afinidade. No caso da década de 1930, havia a colaboração com o Estado e a crítica ao comunismo, que colocava grupos católicos de esquerda e tradicionais dominantes em oposição, para prejuízo dos primeiros. No período da década de 1960, a oposição entre essas orientações estava marcada pela tradicional resistência ao envolvimento político, especialmente de caráter marxista, assumido por religiosos ou leigos católicos organizados, que se posicionavam em favor da garantia dos direitos sociais. O segundo momento é o da recente configuração de um discurso social que, por um lado, afirma dar total prioridade à resolução de problemas que vão desde questões ambientais até a pobreza e aumento da desigualdade, e, por outro, a construção de um argumento centrado na defesa da colaboração e da solidariedade, da superação de diferenças ideológicas ou de posição social como meio de promover o bem comum, acima das diferenças. Ou seja, o debate público vai gradativamente assumindo termos que não estabelecem contraponto com aqueles da cultura tradicional católica, de modo geral.[22]

Um exemplo bastante sugestivo sobre a formação de um discurso colaboracionista na década de 1990 está na movimentação que teve origem em seus primeiros anos, inicialmente articulada com base na defesa de ideais de transparência e ética nas gestões públicas. Bocchi (1996) descreve a organização de diferentes instituições e grupos sociais no Movimento Opção Brasil entre setembro de 1991 e maio de 1992, impulsionados por empresários já organizados no Pensamento Nacional de Bases Empresariais (PNBE), grupo formado, por sua vez, por dissidentes da Federação das Indústrias do Estado de São Paulo (FIESP). É interessante notar como o movimento lista preocupações sociais em termos de "desorganização da economia", de propostas para "consolidar a democracia com desenvolvimento", impedindo o "abatimento que esgarça o tecido social",

---

22. Talvez por isso seja possível que uma liderança como dom Cláudio Hummes fale da necessidade de superação da pobreza, reivindique ações do governo e tenha sido, dentro da instituição católica, considerado como candidato a papa, no ano de 2005, o que nem de longe faz lembrar as interdições sofridas por dom Helder Câmara na ditadura ou por Leonardo Boff nos anos 1980.

que remetem ao âmbito das instituições públicas, uma vez que colocam em pauta discussões sobre decisões políticas e econômicas e, ao mesmo tempo, já propondo ideias de ações que "fomentassem o consenso e não a diferença entre entidades ou pessoas participantes",[23] com "um caráter de campanha cívica, uma mobilização (...) acima de interesses particulares" para "a construção de um discurso comum" (Bocchi, 1996, p. 51). Dividem o mesmo terreno, portanto, ideias que se desenvolvem a partir de parâmetros vigentes nos anos imediatamente anteriores, na década de 1980, (organizar-se para influenciar decisões de debates na arena política institucionalizada) e ideias que ganhariam força na década de 1990 (a superação das diferenças e a colaboração em torno de um interesse comum). Era assim que o movimento buscava "a construção de um discurso comum", ao mesmo tempo que rejeitava a possibilidade de entendê-lo como "pacto social"[24] (Bocchi, 1996). As ações anunciadas em seu lançamento eram de "exigência da moralização; transparência e controle democrático sobre os mecanismos de concorrência pública; fiscalização da arrecadação e aplicação de recursos dos fundos sociais; fiscalização e controle do financiamento das campanhas eleitorais" (Bocchi, 1996, p. 52).

Com o início das mobilizações de rua em defesa do *impeachment* do presidente Collor, ganhou notoriedade o movimento Pela Ética na Política, que reunia mais organizações que o Movimento Opção Brasil, mas cuja afinidade de discursos com este último acabou por incorporá-lo a suas ações.

Segundo depoimento de um representante da Central Única dos Trabalhadores (CUT), citado por Bocchi, o movimento Pela Ética na Política,

---

23. Apoiavam o Movimento Opção Brasil: ABICOMP, ABI, ABRINQ, ADCE, ADPL, CUT, CGT, DIEESE, Força Sindical, IEA, CRM, CRP, SINDUSCON, PNBE e Centro Acadêmico XI de Agosto.

24. As primeiras citações são trechos, reproduzidos pela autora, de documentos do próprio movimento (sobre economia, democracia e abatimento). As citações sobre os meios tomados (de consenso, civismo e discurso comum) são reproduções que fazemos aqui de trechos da autora. Sobre pacto social, Bocchi cita notícia de jornal que diz: "O diretor do Grupo Mappin, João Sayad, e o sindicalista Jair Meneghelli, da CUT, foram enfáticos ontem: o Movimento Opção Brasil não é uma tentativa de pacto social. 'Se quiserem acabar com o movimento', disse Meneghelli, 'serão vocês (imprensa) começar a rotular de pacto social'" (*Diário Comércio e Indústria*, 12/11/1991 apud Bocchi, p. 52, 53).

embora tenha sido motivado pela postura isolada e fechada ao diálogo do então presidente Fernando Collor, era anterior às mobilizações contra ele e discutia a necessidade de propor alternativas às medidas liberais postas em prática por seu governo. Outra motivação para seu início teria sido a aproximação do momento de revisão constitucional, prevista para 1993. Dentre seus principais articuladores são citados a Ordem dos Advogados do Brasil (OAB), a Conferência Nacional dos Bispos do Brasil (CNBB), o Instituto de Estudos Socioeconômicos (INESC), a Central Única dos Trabalhadores (CUT), e o Instituto Brasileiro de Análises Sociais e Econômicas (IBASE). Com o aumento das denúncias de corrupção e das manifestações pró-*impeachment*, o movimento reunia uma pluralidade de organizações e personalidades, e contava com o apoio da imprensa. Além dos anteriores, são ainda mencionados como participantes o Pensamento Nacional das Bases Empresariais (PNBE), a Comissão de Justiça e Paz, a União Nacional dos Estudantes (UNE), o Centro Acadêmico XI de Agosto, a Conferederação Geral dos Trabalhadores (CGT), a Sociedade Brasileira para o Progresso da Ciência (SBPC) e a Associação Brasileira de Imprensa (ABI), além de sindicatos e associações profissionais, como a Federação Nacional dos Médicos, Sindicato dos Médicos de São Paulo e a Federação Nacional dos Engenheiros. Atores tão diversos não estariam reunidos num mesmo movimento sem conflitos ou divergências. Bocchi narra algumas disputas internas sobre temas de discursos a serem feitos nas manifestações, quem poderia ou não discursar, e até tentativas de dissidência, havendo disputa em relação à capacidade de mobilização em números de participantes. Ainda assim, tudo desaparecia, quando em público, diante do consenso geral em torno da defesa da ética e da moralidade. As mobilizações que ficaram registradas não fazem lembrar em nada o que se disse terem sido as motivações e objetivos iniciais do movimento, fazendo proposições que pudessem ser contrapostas às medidas identificadas como liberais. Acontecendo entre junho e setembro de 1992, elas não garantiram a continuidade da articulação. Em setembro de 1992, o presidente Fernando Collor foi afastado; em dezembro ele renunciou. Seu julgamento teve prosseguimento e ele foi condenado à inelegibilidade pelos oito anos seguintes.

Do movimento Pela Ética na Política surgiu uma outra movimentação, voltada a uma questão mais concreta que a defesa da ética: a Ação da Cidadania Contra a Fome, a Miséria e Pela Vida, que ficou nacionalmente conhecida como "a campanha do Betinho", em razão da liderança exercida pelo sociólogo Herbert de Souza, do IBASE, organização que também estava presente no movimento Pela Ética na Política. Iniciada oficialmente em 1993, a campanha envolveu milhares de pessoas, instâncias (empresas privadas e estatais, meios de comunicação) e instituições (organizações sindicais, não governamentais, igrejas), em atividades de arrecadação e distribuição de alimentos. Landim (1998) descreve a dinâmica do desenvolvimento da campanha, indicando que ela se processava de forma descentralizada (por meio de comitês locais que podiam ser organizados livremente) e plural (reunindo diferentes grupos religiosos, diferentes orientações políticas e grupos de interesse). Seu relato deixa transparecer a contribuição da campanha, no que se referia à fomentação de ações e estímulo a debates sobre o que era assistencialista ou político, transformador ou conservador, no tocante ao enfrentamento das questões sociais. Se, de um lado, havia críticas a seu caráter emergencial, a autora ressalta o modo como o empreendimento ultrapassou a preocupação com a arrecadação e distribuição de alimentos, organizando movimentação que resultou na criação de espaços publicizados de discussão e ação. Esse mesmo aspecto foi destacado por Telles (1998), que aponta a proposição da pobreza enquanto problema público como principal contribuição da campanha. Assim, estariam em pauta o modelo de desenvolvimento vigente e a possibilidade do deslocamento de questões sociais, do campo particularista da filantropia ou dos benefícios dos direitos corporativos para o campo universalizante dos direitos. A Ação da Cidadania levou à criação do Conselho de Segurança Alimentar, o CONSEA, pelo presidente Itamar Franco.

Nesse contexto também começou a fortalecer-se a noção de terceiro setor, até então pouco conhecida. O cenário, portanto, é esse: a Igreja Católica tinha consolidado sua atuação social e pronunciava-se com liberdade no que se referia a problemas sociais. Grupos de empresários elaboravam discursos em favor de medidas identificadas com a necessidade de modernizar a economia, cultivavam ideias de colaboração e superação das diferenças ideológicas e começavam a abrir suas próprias organizações sociais. A Lei Orgânica de Assistência Social, após uma série de negociações e conflitos com políticos do legislativo e do executivo que resistiam a ela, acabara de ser promulgada e os profissionais do Serviço Social concentravam esforços para consolidar a assistência social como direito garantido pelo Estado. No ano de 1994, o ex-ministro da Fazenda Fernando Henrique Cardoso foi eleito presidente da república, após o controle da inflação ter tido êxito com a implantação de um plano econômico, chamado Plano Real.

1930, 1960, 1990: deslocamentos em torno da questão social

Considerando a existência de um campo de práticas, discursos e instituições em que determinados atores se relacionam e posicionam a partir da identificação do que seja questão social, é possível perceber continuidades e transformações em sua configuração: nosso olhar sobre essa configuração tem perspectiva comparativa, não tratando dos caminhos que levaram do contexto de colaboração ao isolamento entre os atores, da década de 1930 à de 1960, por exemplo. Entretanto, ainda que de maneira pontual, ao atentar para as características que as relações entre os principais atores tiveram em cada contexto, é possível valer-se da percepção daquelas mudanças e continuidades para pensar a configuração do social no período de 1990.

A área em que se discutem e desenvolvem ações voltadas para o enfrentamento de problemas sociais apresenta uma persistente presença da vertente filantrópica, no sentido de ser residual e sem a perspectiva de medidas universalizantes e garantidoras de ações de assistência baseadas no reconhecimento de direitos sociais. Os direitos atrelados ao mundo do trabalho, como se concretizaram na década de 1930, deixavam os não trabalhadores sujeitos à atuação de instituições assistenciais pertencentes ao campo da prática voluntarista. Na década de 1960, o Estado modificou sua relação com as instituições sociais de assistência estabelecendo os chamados convênios. Nos anos de 1990, esses convênios passaram a ser designados como parcerias entre Estado e sociedade civil e a ideia de filantropia foi alvo de atenção e objeto de renovação de sua qualidade e presença na área social.

A defesa da extensão de direitos sociais aos não trabalhadores foi um dos pontos estruturantes da renovação por que passou a área do Serviço Social, no período pós-regime militar. Sua origem foi marcada pelo tratamento cristão da pobreza, apaziguador das tensões que poderiam surgir das condições desiguais de vida ou das relações do mundo do trabalho. No entanto, a reelaboração teórica e seus reflexos sobre a formação e atuação do profissional do Serviço Social desvincularam-se dos fundamentos baseados na benemerência e produziram uma análise crítica sobre o lugar que ocuparam na reprodução das desigualdades sociais. Essa mudança foi central para entender o posicionamento e o questionamento, por esses agentes, dos termos em que os problemas sociais apareceram tematizados na década de 1990. O sentido dessa transformação justifica a compreensão, que com recorrência apresentam, de termos como solidariedade ou voluntarismo como um retrocesso. Com a Igreja, aconteceu um processo de mudança em alguma medida semelhante ao desenvolvido pelo Serviço Social.

Em 1930, a participação da Igreja no discurso colaboracionista em voga na época ajudou a fortalecer sua presença na área de ações filantrópicas e a moralização da questão social nesse campo alheio às garantias públicas fornecidas aos trabalhadores. No entanto, a preocupação católica com a perda de fiéis estimulou a aproximação da Igreja com questões da sociedade e a organização de grupos laicos. Esses grupos, crescendo no interior da instituição, apropriaram-se e fortaleceram as ideias de justiça social e de enfrentamento das desigualdades presentes na Doutrina Social da Igreja que, na década de 1960, dentro da hierarquia católica, passaram a fazer frente aos setores conservadores. O desenvolvimento desses grupos contribuiu para solidificar a presença da Igreja também como personagem participante de ações e discussões que iam além do assistencialismo caritativo que a caracterizava.

No contexto da década de 1990, essa vertente progressista foi identificada com as formas envelhecidas de ação, diante das formas modernas que os defensores do *novo* voluntariado alegavam ter surgido. Por outro lado, essa novidade, como procuramos mostrar aqui, retomou ideias tradicionais de solidariedade e cooperação que possuem afinidade com elementos pertencentes ao ideário religioso. Desse modo, embora não tenha participado da construção do *novo* voluntariado, a Igreja Católica não representou exatamente um contraponto a seu discurso, ocupando posição ambígua nesse cenário: não se opunha claramente a ele ou ao contexto em que emergiu, mas criticava de maneira geral a política social do período; não era "parceira" nessa construção, mas não chegava a ser explicitamente identificada com as práticas tidas como velhas que não possuíam mais valor, identificação limitada àqueles grupos de uma já chamada "esquerda católica". Quando muito, a vertente tradicional da ação católica aparecia como uma forma antepassada do *novo* voluntariado.

Em relação aos empresários, é possível afirmar que o desenvolvimento de ações em nome de grupos desfavorecidos também não é inédito. Tendo existido nas décadas de 1930 e 1960, é verdade, entretanto, que sua atuação passou por modificações. Se, na década de 1930, em consonância com a focalização dos direitos nos indivíduos formalmente empregados, suas ações se destinavam aos funcionários de suas empresas, fábricas e indústrias, nos anos de 1960 já vinham sendo desenvolvidas as primeiras ideias de organizar e reunir aquelas ações sob uma imagem passível de identificação com um tipo de postura pública dos empresários como grupo. O período de isolamento em relação ao Estado autoritário, em fins de 1960, não impediu o desenvolvimento dessas ações, que já vinham sendo realizadas desde 1930, quando Vargas os convocou a assumirem parte dos custos de reprodução da força de trabalho. Na década de 1990, os empresários organizados consolidaram a imagem de "empreendedorismo social" em um contexto marcado, de um lado, pelo desemprego e, de outro, por condições favoráveis para projetá-los como atores de importância para o desenvolvimento social. Essas condições serão mais exploradas no próximo capítulo e possuem afinidade com a ideia de um novo momento: afinidade relacionada à posição de colaboração com o Estado e de participação na construção do *novo* voluntariado.

Dessa maneira, o contexto em que o *novo* voluntariado emergiu possuía uma ligação com seu passado, caracterizada por continuidades e transformações, não constituindo situação de ruptura e inauguração como reivindica o discurso institucional. Não só o uso de termos, mas também as relações que se estabeleceram ao seu redor sugerem que as escolhas não foram definidas por acaso, e sim possuíam afinidades que permitiram essa aproximação. Da mesma forma, o lugar de questionamento e crítica de alguns atores também foi construído em outros contextos. Assim como, em 1930, havia condições que faziam todos convergirem e terem discursos complementares, na década de 1960 essa sustentação não era possível, colocando o social em segundo plano e produzindo efeitos distintos em cada um deles. Nos anos de 1990, os posicionamentos assumidos derivam dessa história e o contexto, por um lado, continua favorecendo aproximações e, por outro, passa a reproduzir oposições e ambiguidades.

III

A construção do *novo* voluntariado

No capítulo anterior, destacamos algumas características de constituição e de funcionamento da chamada área social, nas décadas de 1930 e 1960, lidas sob a perspectiva da emergência do *novo* voluntariado em meados da década de 1990. Essas características foram descritas a partir da consideração da relação dos atores que privilegiamos focalizar, entre si, e com respeito a questões e interesses internos às instituições ou grupos que compõem. Essa retomada permitiu, de um lado, identificar algumas características pontuais sobre a área social, que emergiram sob nova aparência nos anos de 1990 e, de outro, tecer um pano de fundo que permite nuançar melhor a construção de um *novo* voluntariado, na medida em que sua operação consiste, precisamente, nesta transformação de padrões recorrentes de ações, relações e formas de entendimento e tratamento de questões sociais, em signos de um momento de renovação e inauguração de novos padrões.

Este terceiro capítulo tem o objetivo de aprofundar a análise dessa operação, identificar as condições que a tornaram possível e sugerir algumas questões que ela pode suscitar sobre a forma como a sociedade se posiciona em relação ao problema da desigualdade social que a caracteriza. Dessa maneira, o caminho traçado deverá mesclar, privilegiando a segunda metade da década de 1990, as informações levantadas nos capítulos 1 e 2 com base nos dois eixos que sustentaram a construção do *novo* voluntariado: de um lado, os termos e ideias presentes no discurso institucional que o apresenta e define e, de outro, a configuração das posições e relações de atores tradicionais da área social em torno desse discurso.

* * *

Novo voluntariado e relações na área social

Entre as primeiras ações do presidente Fernando Henrique Cardoso, após sua posse, em janeiro de 1995, estiveram as extinções do Ministério de Integração Regional, do Ministério do Bem-Estar Social, da Legião Brasileira de Assistência e do Centro Brasileiro para a Infância e Juventude, e a criação do Programa Comunidade Solidária e da Secretaria de Assistência Social, vinculada ao Ministério da Previdência e Assistência Social, para onde o CNAS foi transferido. As mudanças causaram apreensão nos profissionais da área de assistência, pois sinalizavam a pulverização dos lugares de discussão e decisão relacionados aos problemas sociais, além de terem sido tomadas sem a participação dos agentes que vinham atuando e se mobilizando para a implantação de uma política de assistência nos moldes preconizados pela LOAS. A demora, pelo Presidente da República, em nomear os responsáveis tanto pelo Comunidade Solidária quanto pela Secretaria de Assistência Social (5 meses, segundo Raichelis, no caso da Secretaria), apontada tanto pelos críticos do governo, quanto por seus membros (Cardoso et al., 2002; Resende, 2000) funcionou menos como um estopim do que como um elemento a mais em termos da tensão que já vinha sendo construída. É possível afirmar que diante das resistências à LOAS, durante os governos dos presidentes Collor e Itamar, e da insistente afirmação, pelo presidente Fernando Henrique, de um consenso em torno da necessidade de abandonar um modelo de Estado, a oposição dos profissionais do Serviço Social[1] à política social do governo federal estava anunciada.

A extinção daqueles órgãos e a criação de outros para atuarem na mesma área manifestavam simbolicamente a declarada intenção de renovação das ações executadas até então. O desgaste que eles sofreram com as sucessivas denúncias de corrupção armava um terreno favorável a essa extinção, a despeito dos esforços que estavam sendo mobilizados, pelos profissionais, de regulamentar o funcionamento da área e de suas instituições. O ato da extinção ainda recebia o reforço das primeiras declarações em favor da necessidade de tornar as ações na área social mais eficientes e racionais.[2]

A constituição do Conselho do Comunidade Solidária explicitou alguns pontos importantes da construção desse anunciado novo modo de funcionamento da área social. Em primeiro lugar, a escolha da pessoa para presidi-lo apareceu, publicamente, como uma decisão cercada de cuidados. Preocupado em fazer uma escolha que fortalecesse o Programa,[3] o presidente teria rejeitado o nome de dom Luciano Mendes de Almeida, arcebispo de Mariana, Minas Gerais, então presidente da CNBB. Suas justificativas foram a incompatibilidade da agenda de dom Luciano com a

---

1. Assim como entre empresários, ou internamente à Igreja Católica, entre os profissionais da assistência, também havia grupos que não assumiram postura de oposição às ideias ou à linha de ação tomadas pelo governo federal desse momento. Entretanto, mais uma vez, nosso foco não são as disputas internas de cada grupo (embora possamos citá-las de modo a contextualizar as questões levantadas). Como nosso interesse está nas relações de aproximação ou distanciamento do discurso emergente na área social, os profissionais do Serviço Social aparecem como grupo de importância central, trazendo concepções divergentes, cujo desenvolvimento geral foi possível identificar nos diferentes momentos de que nos ocupamos aqui. Houve um momento, inclusive, em que o Conselho Nacional de Assistência Social não demonstrou a mesma posição crítica que apresentou nos primeiros anos de funcionamento do Comunidade Solidária. Esse momento será abordado mais adiante.

2. Em pronunciamento oficial, em fevereiro de 1995, o presidente Fernando Henrique declarou: "Essa nova atitude — que repudia as 'medidas de impacto', a fisiologia e o clientelismo — foi que nos levou a extinguir dois ministérios sabidamente 'gastadores' e criar o Programa Comunidade Solidária, uma nova forma de utilização de recursos públicos, em parceria com a sociedade, para atender as necessidades sociais" (*Folha de S.Paulo*, 1-5, 4/2/1995).

3. O presidente teria afirmado que sua intenção era indicar "um Pelé da área social", em referência à nomeação do ex-jogador Edson Arantes do Nascimento para o Ministério Extraordinário dos Esportes (*Folha de S.Paulo*, 1-8, 28/12/1994).

disponibilidade desejada para a presidência do Conselho e a preferência, do presidente, por um nome não ligado à Igreja, o que não significou não conceder a ela lugar no Conselho. Em papel coadjuvante, dom Luciano tornou-se um dos 21 conselheiros representantes da sociedade civil. Preferência distinta da que caracterizou o predecessor CONSEA, que era presidido por dom Mauro Morelli, arcebispo de Duque de Caxias, no Rio de Janeiro. A citação do CONSEA como predecessor do Comunidade Solidária se justifica pelo fato de que este herdou a mesma estrutura daquele e de que o próprio Comunidade Solidária atribui ao extinto CONSEA,[4] em materiais institucionais, a experiência e aprendizado que lhe serviu de base. Em tempo: o esforço feito em torno da escolha do nome para a presidência do novo programa resultou em uma nomeação que seguiu o exemplo da tradicional e extinta LBA. Até sua extinção, ao final do segundo mandato do presidente Fernando Henrique Cardoso, a presidente do programa foi a primeira-dama Ruth Cardoso.

Apesar da manutenção da estrutura do CONSEA, o conselho do Comunidade Solidária não manteve a mesma forma de escolha de seus membros, o que lhe rendeu as primeiras críticas. Como já foi mencionado,[5] os conselheiros do CONSEA eram indicados por representantes de organizações da sociedade civil. No caso do Comunidade Solidária, seus conselheiros foram convidados com base no reconhecimento de suas atuações no campo da cidadania e do desenvolvimento social. O questionamento desse critério veio acompanhado da alegada extinção do CONSEA sem que seus conselheiros tivessem sido avisados previamente.[6] A presença

---

4. Ver capítulo I, item "A participação do Estado na construção do *novo* discurso".

5. Idem.

6. A crítica apareceu na fala da secretária-executiva do Fórum Nacional da Ação da Cidadania: "não é nada contra as pessoas em particular [os conselheiros escolhidos para compor o Comunidade Solidária], mas elas estão ali individualmente e não representam nem mesmo movimentos dos quais fazem parte. Somos contra isso, e contra a maneira como foi extinto o CONSEA, sem comunicação com nenhum de seus antigos membros" (*Folha de S.Paulo*, 1-6, 20/2/1995). Desse encontro nacional resultou um documento que explicitava críticas ao Comunidade Solidária, tais como sobre o caráter consultivo (e não deliberativo) do conselho e a distribuição de recursos, apresentada na ocasião do Fórum pela secretária-executiva do Programa, que priorizava merenda escolar e distribuição de leite.

de atores televisivos,[7] por exemplo, além de poder ter aviltado a seriedade e o comprometimento de profissionais qualificados da área social, colocou o critério da escolha pessoal acima da tentativa de diálogo com grupos organizados. A substituição do critério de representatividade pelo da legitimidade, portanto, pareceu retórico, uma vez que, no caso do CONSEA, o reconhecimento era partilhado no ato da indicação e, no caso do Comunidade Solidária, ele ficou a cargo de uma única pessoa, sendo difícil atribuir-lhe legitimidade.

Por outro lado, se o Programa recebia críticas de setores organizados da área social, também aparecia angariando aliados, nos meios de comunicação. Como já foi dito, nos moldes em que o Comunidade Solidária foi idealizado, não dispunha de recursos próprios para executar projetos. No entanto, ainda nesse seu primeiro ano de existência, o seu desenho passou por alterações. Em setembro de 1995, foi noticiado que sua presidente, Ruth Cardoso, "busca apoio da iniciativa privada para viabilizar as próximas etapas do Comunidade Solidária" (*Folha de S.Paulo*, 1-6, 28/9/1995). Segundo a notícia, esse apoio era anunciado pelo próprio meio publicitário que convocava a iniciativa privada: a produção da propaganda e a presença das personalidades artísticas que a estrelavam eram destacadas como sendo gratuitas e, em notícia do dia anterior, sobre o mesmo assunto, tinha sido atribuído aos profissionais envolvidos o "objetivo de ajudar o programa dirigido pela primeira-dama", e, acrescenta-se, "a iniciativa de fazer a campanha gratuita partiu das próprias agências" (*Folha de S.Paulo*, 1-12, 27/9/1995), afirmações consonantes com o discurso da colaboração.

No final de 1995, foram intensificadas as críticas ao Comunidade Solidária. O sociólogo Herbert de Souza, membro do conselho consultivo, divergiu publicamente da presidente do programa, afirmando que este "se propôs apenas 'a continuar os planos sociais do governo Itamar Franco, que eram modestos'" (*Folha de S.Paulo*, 1-6, 4/10/1995). O presidente Fernando Henrique repetidas vezes defendeu o programa e suas conquistas, ao mesmo tempo em que repetiu, igualmente, a ideia de que

---

7. São exemplos o comediante Renato Aragão e a atriz Regina Duarte.

o sucesso econômico era o diferencial determinante de seu governo, para o combate da pobreza.[8]

No mês de novembro de 1995, em Brasília, foram promovidos dois eventos que parecem ter marcado os pontos a partir dos quais duas concepções em relação à ação social seguiram rumos, não só distantes, mas divergentes. O primeiro foi um seminário, promovido pelo Comunidade Solidária, reunindo "as mais expressivas organizações do Terceiro Setor — ONGs, fundações e agências internacionais de desenvolvimento" para a elaboração de uma "agenda comum de iniciativas visando a fortalecer a sociedade civil e a participação dos cidadãos" (Cardoso et al., 2002).

O outro foi a I Conferência Nacional de Assistência Social. Inicialmente resistente à conferência, o Ministério da Previdência aderiu à proposta e patrocinou sua realização (Raichelis, 1998; Mestriner, 2000). Foram discutidos os rumos e expectativas em relação à atuação do governo e das organizações e entidades na área da assistência. As falas feitas no encontro evidenciaram as discordâncias que estavam em jogo naquele momento. Os pronunciamentos da presidente do CNAS e do Presidente da República exemplificam a divergência sobre as formas de conduzir a política de Assistência:

> (...) queremos assinalar, mesmo com o risco da inconveniência, que esperamos de nossos governantes mais do que declarações, algo além dos reconhecimentos evidentes e muito mais do que apelos em favor da paciência. (...) Sabemos (...) que não há motivo para euforia. Sem dúvida, ainda falta ampliar a discussão acerca da assistência e colocá-la *pari passu* com os discursos econômicos. Orçamentos traduzem, sim, a vontade política de um governo, expressam uma intencionalidade e, sem recursos, nada ou muito

---

[8]. "Sabemos que não se acaba a fome e a miséria só com medidas de emergência e de assistência, mas com o controle da inflação e a retomada do desenvolvimento. Estamos conseguindo isso, graças ao Real e à ajuda de todo o povo brasileiro" (pronunciamento do presidente no programa de rádio "Palavra do Presidente", em 31/10/1995, in: *Folha de S.Paulo*, 1-5, 1/11/1995). Em setembro, Herbert de Souza já havia dito, em resposta à declaração semelhante, feita pelo presidente: "Essa é a lógica dos economistas que acham tudo ótimo e que todos os problemas foram resolvidos. Enquanto o país for refém desse raciocínio, estamos fritos. A declaração faz do Comunidade Solidária uma instituição supérflua e de todos nós, conselheiros, uns inúteis" (*Folha de S.Paulo*, 1-4, 17/9/1995).

pouco se faz. (Marlova Jovchelovitch, presidente do CNAS, *Anais da I Conferência Nacional de Assistência Social*, 1995, p. 17)

Hoje, no Brasil, passamos por uma uma "revolução branca", com efeitos muito profundos, e que não tem muito a ver, muitas vezes, com o que se pensa que são os foros de decisão. Tem a ver com o sentimento que se espalhou pelo país. Hoje, a demanda é mais consciente, se organiza mais e pressiona mais. É natural que aqueles que têm que apertar os botões, que representam os recursos para atender às demandas, muitas vezes se desesperem, porque nada mais duro para um homem de Estado do que dizer não a uma demanda justa. Nada mais irresponsável do que dizer sim, sabendo que esse sim não passa de um ato vazio porque, no momento seguinte, não haverá recursos ou haverá uma inflação galopante, que vai arruinar tudo aquilo que se desejou como objetivo inicial. (Fernando Henrique Cardoso, Presidente da República, *Anais da I Conferência Nacional de Assistência Social*, 1995, p. 26)

As falas da vice-presidente do CNAS e da Secretária Nacional de Assistência Social também são divergentes no que se refere ao *status* conferido à área da assistência, pelo governo federal, e sua relação com o Programa Comunidade Solidária:

Ao repartir e obscurecer em várias frentes as atribuições constitucionais previstas para a Assistência Social, a Medida [*Medida Provisória que extinguiu o Ministério do Bem-Estar Social, a LBA e a CBIA e criou o Programa Comunidade Solidária*] contribui para fragilizá-la e pulverizá-la. (...) A criação do Programa Comunidade Solidária (artigo 12), em que estão previstas ações para o atendimento da parcela da população que não dispõe de meios para prover suas necessidades básicas, em especial o combate à fome e à pobreza, faz isso sem qualquer menção à Assistência Social que, conforme a LOAS (artigos 25 e 26), deve investir em projetos de enfrentamento da pobreza. (Maria Carmelita Yazbek, vice-presidente do CNAS, *Anais da I Conferência Nacional de Assistência Social*, 1995, p. 39)

A Medida Provisória n. 813, de 7 de janeiro de 1995, que dispõe sobre as atribuições dos diferentes órgãos do governo, confirma, na sua totalidade, as atribuições desta Secretaria: a ela compete a Assistência Social do governo federal. Desta forma, o novo governo busca consubstanciar um comando único, na sua esfera, em conformidade com o estabelecido na Lei Orgânica de Assistência Social.

É preciso, neste ponto, levantar um parêntese a quem coloca em questão equivocadamente o comando único na área de Assistência Social, com a criação do Programa Comunidade Solidária. Na realidade, isto não ocorre. O Programa Comunidade Solidária é voltado para a articulação do conjunto das políticas públicas, inclusive a Política de Assistência Social, em nível do governo federal, para acionar, de forma articulada, políticas de enfrentamento da pobreza. (Lúcia Vânia Costa, Secretária Nacional de Assistência Social, *Anais da I Conferência Nacional de Assistência Social*, 1995, p. 55, 56)

Finalmente, houve referência, também, ao crescimento das experiências sociais desenvolvidas em conformidade com o discurso do terceiro setor e do *novo* voluntariado:

(...) se o governo quer fazer benesses, distribuição de cestas básicas em menos de três por cento do municípios brasileiros, ele que o faça, contudo, sem substituir uma Política Pública de Assistência pela ideologia de uma primeira-dama e da caridade solidária. (..) olhando a previsão orçamentária de 1996, vejo uma redução de 60% do orçamento solicitado para a Assistência Social. (Jandira Feghali, deputada federal e membro da Comissão de Seguridade Social, *Anais da I Conferência Nacional de Assistência Social*, 1995, p. 63)

O Grupo [*GIFE, Grupo de Institutos, Fundações e Empresas, que reúne organizações ligadas a empresas que defendem a ideia de responsabilidade social*] não aceitou a palavra filantropia porque não há, no Brasil, o que, para os americanos, é tranquilo. Estamos trabalhando mais com o conceito de desenvolvimento social e investimento social. (...) O GIFE tem como missão: aperfeiçoar e difundir os conceitos e práticas do uso de recursos privados para o desenvolvimento do bem comum. (...) É o aporte do privado para o público, entendido, aqui, no sentido coletivo da população e não se confundindo com o de Governo, evidentemente. (Antônio Carlos Martinelli, representante do GIFE, *Anais da I Conferência Nacional de Assistência Social*, 1995, p. 96)

As decisões da Conferência explicitaram a oposição do Conselho Nacional de Assistência Social ao Programa Comunidade Solidária, pedindo sua extinção e a transferência de seus recursos para o Fundo Nacional de Assistência Social. Em meio a críticas, no final de seu primeiro ano de mandato, o presidente Fernando Henrique afirmou que não havia o que mudar no Programa[9] e a presidente do CNAS chamava a atenção para que se discutisse menos o Comunidade Solidária e mais a política de Assistência. Esse apelo era, no entanto, de difícil resposta, a julgar pela ostensiva presença, nos meios de comunicação, dos temas identificados com a política social representada pelo Comunidade Solidária. Já no seminário promovido pelo programa, no mesmo novembro de 1995, havia recursos do Banco Interamericano de Desenvolvimento, BID, disponíveis para seu uso. Desse seminário saíram propostas para utilização desses recursos: o Universidade Solidária e o Fortalecimento da Sociedade Civil.[10] Foi nesse evento, também, que ganhou forma a ideia de promoção do trabalho voluntário. Segundo um conselheiro do Comunidade Solidária, cuja participação esteve voltada para a construção da proposta de promoção da cultura de um *novo* voluntariado, a ideia surgiu de uma convicção pessoal, mas encontrou abrigo entre os demais conselheiros e participantes do seminário, de que era preciso investir e fortalecer não só as organizações da sociedade civil, mas também incentivar a participação dos indivíduos. A partir dessa linha de ação, representantes do então recém-criado Programa Voluntários (PV) visitaram sete cidades brasileiras para propor a criação de centros de voluntariado.

A partir do primeiro contato com pessoas que já conhecia em cada uma das sete cidades, a equipe do PV identificava possíveis lideranças, organizações ou órgãos e profissionais do poder público que poderiam

---

9. Manchete do jornal *Folha de S.Paulo*: "FHC descarta revisão de programa social", traz no corpo da notícia: "O presidente Fernando Henrique Cardoso descartou ontem a possibilidade de rever o Programa Comunidade Solidária e defendeu sua manutenção como executor das políticas sociais do governo, durante solenidade no Palácio da Alvorada". Depois de citar a I Conferência Nacional de Assistência Social, lugar onde foram feitas críticas ao programa, o texto diz que "FHC fez também uma defesa pública do Comunidade Solidária no programa de rádio 'Palavra do Presidente'. Ele disse que o programa tem atingido seus objetivos na área social" (*Folha de S.Paulo*, 1-14, 6/12/1995).

10. Ver capítulo I, item 4. Mais tarde, essas propostas iriam solidificar-se nas três linhas do Comunidade Solidária: 1. Projetos inovadores; 2. Interlocução política e 3. Fortalecimento da sociedade civil.

ter interesse no assunto e aceitar a proposta de implementar centros de voluntariado em seus municípios. Segundo o conselheiro que entrevistamos, a intenção era fazer a proposta sem, no entanto, executar as ações. Com apoio técnico e financeiro do Programa Voluntário, a implantação dos centros era prevista como um processo de três anos de duração. De início, o programa financiava dois terços dos custos da instalação do centro de voluntariado, recursos que iam progressivamente diminuindo. O mesmo acontecia com cursos de gestão oferecidos aos centros pelo PV: realizaram-se ao longo dos três anos, até que o centro assumisse totalmente suas atividades. Como eram autônomos, os grupos formados em cada cidade tiveram características distintas de implementação. Na cidade do Rio de Janeiro, por exemplo, a Secretaria Municipal de Desenvolvimento Social foi quem exerceu a liderança; na Bahia, a Fundação Odebrecht teve envolvimento proeminente; em Porto Alegre, também a articulação empresarial teve destaque. Em São Paulo, havia um início de discussão liderado pela Fundação Abrinq pelos Direitos da Criança e do Adolescente. Foi a partir dela que o Programa Voluntários chegou à cidade.

O caso do Centro de Voluntariado de São Paulo (CVSP) ajuda a visualizar, pelo menos de maneira inicial, o que apontamos como a formação de uma rede que se articulou para que, especificamente, se sustentasse a possibilidade de implementação dos objetivos relativos ao fortalecimento do voluntariado. Por meio do Programa Voluntários, o Centro realizou um convênio com o Banco Interamericano de Desenvolvimento, recebeu financiamento da W. K. Kellog Foundation, nos três primeiros anos de existência, e instalou-se em espaço cedido pela FIESP-SESI. A partir de 1999, as empresas Mastercard do Brasil e o Banco Itaú forneceram-lhe suporte técnico e financeiro.[11] Inicialmente, o CVSP tinha como principal linha de ação funcionar como mediador entre as pessoas que quisessem oferecer seu trabalho voluntariamente e instituições que estivessem interessadas em agregar pessoas voluntárias a seu quadro. Em 2000, já com oito equipes, a mudança na estrutura indicava que sua atuação também se havia alterado e ganho complexidade. Hoje, ele

---

11. Relatório 1997/2000, Centro de Voluntariado de São Paulo.

divide-se em oito frentes. Além das equipes de apoio *técnico* e *administrativo*, que desenvolvem atividades voltadas para o próprio Centro, tais como manutenção de banco de dados e tarefas administrativas, há uma equipe de *atendimento* aos voluntários que entram em contato com o Centro; uma de *comunicação*, que produz materiais e promove eventos; uma de *facilitadores*, que realiza encontros de discussão em organizações sociais; a de *palestrantes*, que ministra palestras de introdução ao trabalho voluntário; a de *visitadores*, que acompanha os programas de voluntários de organizações parceiras do Centro, e a de *voluntariado empresarial*, que realiza palestras e apoia programas de voluntariado em empresas. Essa separação de funções condiz com as características que definem o *novo* voluntariado em seu discurso institucional de profissionalização, racionalização e gestão eficiente.

O ano de 2001 foi especialmente importante para os *novos* voluntários. A ONU declarou-o como o Ano Internacional do Voluntariado (AIV) e o comitê brasileiro para organização das atividades tomou corpo na cidade de São Paulo. Do ponto de vista da construção que tentamos caracterizar, é importante citar o fato de que havia um cenário internacional que também vinha insistindo no tema da colaboração entre Estado e sociedade civil. Na década de 1990, o Banco Interamericano de Desenvolvimento (BID) criou, em sua sede, uma Unidade da Sociedade Civil, que promoveu conferências e consultas em vários países da América Latina, com o objetivo de investigar e orientar ações de apoio a essa relação. O mesmo aconteceu com o Banco Mundial, cuja unidade brasileira encomendou estudo semelhante junto a organizações da sociedade civil, para saber que imagem tinham do banco. Das conclusões mais gerais que o relatório apresenta (como a de que o Banco era associado a projetos grandes, distantes e sem benefícios para populações locais ou visto como uma estrutura burocrática e lenta) surgiriam diretrizes de ação que visavam reverter esse quadro, tais como a ampliação de canais de diálogo com a sociedade civil, a incorporação de métodos de análise social e participação em seus financiamentos e a divulgação de informações sobre o banco,[12] bem como a tradução de

---

12. O documento que ora citamos é um exemplo da concretização dessa diretriz.

documentos para o português (Garrison, 2000). No que diz respeito ao voluntariado, Landim e Scalon trazem uma indicação interessante e afim à ideia de construção: na França, país em que o trabalho voluntário tem lugar reconhecido e consolidado entre as ações individuais, houve um esforço para que essa prática passasse a ser denominada *volontariat*, em substituição ao termo *bénévole* (Landim e Scalon, 2000, p. 15), usado comumente para designá-la. Também não deve ter sido coincidência o ano de 2001 ter sido identificado como Ano Internacional do Voluntariado, pela Organização das Nações Unidas. Acontecimentos isolados, mas que sugerem uma valorização ampliada das ações da sociedade civil.

O relatório elaborado pelo comitê nacional sobre as atividades do Ano Internacional do Voluntariado, no Brasil, descreve promoção de eventos, inserções em acontecimentos públicos, presença na mídia, publicação de materiais que por si explicitam o apoio garantido por empresas, personalidades do mundo artístico, políticos e governantes, publicitários e atletas. Se o discurso institucional se empenhava fortemente no sentido de relacionar trabalho voluntário a prazer e satisfação, desvinculando-o de uma realidade que pudesse ser representada de maneira negativa, a forma como a divulgação acontecia reforçava essa imagem. A sofisticação dos materiais e a infraestrutura envolvida em suas aparições provavelmente aumentou o poder de sedução que o convite exerce. Não deve ser à toa que, em pesquisa realizada no Ano Internacional do Voluntariado, estivessem nas classes A e B[13] os mais altos índices de conhecimento sobre ele. Vindos dessas classes, os esforços de mobilização utilizaram recursos de que só elas poderiam dispor e parecem ter atingido seus iguais. Destacam-se, portanto, os mesmos atores tradicionalmente envolvidos, de uma forma ou de outra, em torno do que era identificado como questão social. O que já tinha sido assunto de polícia, de gestão controladora e disciplinadora, passou, então, a ser questão partilhada entre a administração e o engajamento fluido, ambos modernizados. No entanto, o trabalho voluntário como conjunto de ideias e proposições apareceu como algo realmente novo, como uma promessa de melhoria para a sociedade. Por

---

13. Preservamos a denominação utilizada na divulgação dos dados da pesquisa.

um lado, houve um investimento na ideia mesma da novidade; por outro, o momento era propício para o êxito dessa construção.

É sugestivo, sobre isso, o fato de que, em fins da década de 1970, nos estados e municípios, tenha havido esforços, de primeiras-damas e de organizações de assistência ligadas a elas, na promoção e valorização do trabalho voluntário, sem que, no entanto, o assunto tivesse gerado grandes mobilizações. É curiosa a semelhança entre ideias veiculadas por meio de documentos e cartilhas, publicados no momento de sua consolidação, nos anos 1990, e aquelas presentes num documento de 1978,[14] sobre o "Voluntariado Social de São Paulo", produzido pelo Fundo de Assistência Social do Palácio do Governo. Consta nesse texto que um decreto-lei assinado, em 1976, pelo governador da época, Paulo Egydio Martins, oficializava o primeiro domingo do mês de julho como o Dia do Voluntário Social, decreto visto como "reconhecimento da Administração Pública Estadual pela colaboração valiosa e imprescindível que o voluntário presta ao desenvolvimento deste estado" (1978, p. VI). O Fundo de Assistência Social, pelo período a que se refere e em que foi produzido tal documento, poderia ser visto como promotor de ações voluntárias tradicionais, sob o comando das elites políticas e econômicas, de responsabilidade oficial da primeira dama e com base caritativa. A presença da primeira dama era certa: a Sra. Lila Byington Egydio Martins presidia o Fundo. A presença da elite era provável, uma vez que se tratava de promoção encampada pelo governo do estado. Entretanto, não há sequer pistas de conteúdo filantrópico-assistencialista em seu discurso.

O Fundo apresenta como objetivo de sua ação "sensibilizar e motivar a população para que atue, voluntária e conscientemente, no desenvolvimento e promoção do homem" (idem, p. 1). Atribui ao voluntário uma indignação que, somada com sua consciência e vontade de ajudar, leva o indivíduo a "dispor de seu potencial para colaborar na solução de problemas de seu meio social" (idem, p. 3). Renegando, também, um

---

14. Vale registrar informação que será retomada em nota, mais adiante: nas décadas de 1970 e de 1980 houve, na França, forte tendência de valorização da ação de ONGs e de renovação do trabalho voluntário. Os termos dessa tendência também se assemelham aos apresentados nesse documento de fins de 1970 e aos de meados dos anos 1990.

passado em que o voluntariado tinha "características eminentemente assistencialistas, diletantes, que representavam um mero passatempo ou, até mesmo, um instrumento de autopromoção" (idem, p. 15), o documento defende "treinamentos específicos conforme a área de atuação do voluntário", "preparo e motivação das obras sociais para receberem voluntários", "conhecimento, pelos voluntários, dos objetivos e diretrizes das entidades onde se engajam", "definição clara das funções dos voluntários", "coordenação dos grupos de voluntários e sua integração no trabalho da entidade", "avaliação dos trabalhos desenvolvidos, visando o aprimoramento no desempenho", "estímulos concretos para que estudantes realizem estágios voluntários e profissionais disponham horas voluntárias de seu trabalho", "criação de uma Central de Voluntariado, para promover a integração e coordenação de esforços neste campo", entre outras tantas recomendações. Há alguns pontos que, presentes no voluntariado de hoje, não aparecem nesse documento, como o tema da cidadania ou da parceria com o Estado. O mesmo acontece no sentido contrário: do documento de 1978, constam referências ao fortalecimento da comunidade e ao aprendizado prático nessas localidades. Talvez sejam pontos que caracterizem o pertencimento de cada ideário às suas respectivas temporalidades: a comunidade e o aprendizado popular, elementos recorrentes nos discursos dos anos de intensa mobilização política, no passado, aparecem substituídos pela parceria e pela cidadania dos dias atuais. Essa semelhança entre os conteúdos e a concomitante diferença de destaque entre o estímulo ao voluntariado, nos dois momentos, reforçam tanto a hipótese de que o novo resultou de uma construção, quanto a de que houve, em meados de 1990, um contexto que propiciou a visibilidade alcançada pelo *novo* voluntariado.

    Retornando ao olhar sobre as relações entre os atores que se aproximavam ou se afastavam daquele conjunto de ideias que pleiteavam anunciar um novo momento de tratamento social a seus problemas, é visível que a defesa, pelos profissionais da assistência, da oferta de garantias sociais, pelo Estado, ia no sentido oposto do que se vinha afirmando com o discurso emergente de engajamento individual, parceria com o Estado, mobilização da sociedade civil e outras ideias semelhantes. Quando a presidente do CNAS, na época de sua implantação diz: "Logo tivemos clareza sobre as forças contrárias à redefinição do sistema de regulação da filantropia. (...) Todos os deputados que representavam entidades sociais, que sempre tiveram interesses assegurados no antigo CNSS, nos bombardearam pela continuidade" (Marlova Jovchlovitch, apud Mestriner, 2000, p. 219) vemos a imagem da interpelação que está exposta. O abandono das práticas tradicionais de filantropia, em direção à efetivação da assistência como direito,[15] enfrentava resistências, no sentido da manutenção de suas características tradicionais.

O fortalecimento, nessa época, das ideias de reforma do Estado colocou em destaque o argumento (que em si não gerava discordância) de que era preciso regulamentar a área de prestação de serviços sociais. No entanto, as propostas construídas somaram-se às ações que substituíram os organismos anteriormente responsáveis pela área e corroboraram as críticas de que desconsideravam as discussões acumuladas por seus profissionais ou grupos organizados. Já em seu primeiro mandato, o presidente Fernando Henrique Cardoso transformou a Secretaria da Administração Federal da Presidência no Ministério da Administração Federal e Reforma do Estado, sob o comando do Ministro Luis Carlos Bresser Pereira. Como o nome indica, a grande missão desse ministério era tornar operantes

---

15. Quando falamos em assistência como direito fazemos referência a ações de assistência consolidadas como direito em políticas públicas, em oposição às ações de assistência que mesclam iniciativas públicas e privadas sem planejamento ou regulação. Dois marcos importantes dessa consolidação são: primeiro, a Constituição de 1988, que define que a assistência social se oriente por princípios de atendimentos às necessidades individuais desvinculados de questionamentos para sua comprovação, universalidade de direitos sociais, respeito à dignidade do cidadão, igualdade no acesso aos serviços e divulgação dos programas, projetos e ações do poder público (Pralon, 1999, p. 31). Segundo, a promulgação da Lei Orgânica de Assistência Social, que regulamenta os artigos da Constituição "que tratam dos objetivos da assistência social e da prestação dos serviços correspondentes, do perfil do beneficiário e dos benefícios assistenciais, das fontes de financiamento e das diretrizes para a organização das ações governamentais, com destaque para a descentralização político-administrativa e a participação das organizações populares na formulação da política e no controle social das ações em todos os níveis" (Raichelis, 1998, p. 122). Para Sposati (1989), a assistência como direito se fundamenta sobre os ideais de cidadania e de direitos sociais universais, pois na ausência deles, os serviços de assistência têm acentuado seu caráter de amparo aos indivíduos que, impedidos de proverem seu sustento por meio do trabalho, necessitam de auxílio. Mero complemento residual dos âmbitos de não acesso, pelos indivíduos, aos direitos atrelados ao mundo do trabalho, o campo da assistência estaria sendo definido, assim, como o campo do "não direito".

as diretrizes estabelecidas no Plano Diretor da Reforma do Aparelho de Estado, cuja meta era a transformação da administração pública burocrática em gerencial. Os fundamentos e as justificativas para essa reforma foram desenvolvidos pelo próprio ministro, no livro *Reforma do Estado para Cidadania* (Pereira, 1998), sua ênfase recaindo sobre a ideia de que tal reforma, promovendo maior eficiência do aparelho estatal, possibilitaria a oferta de serviços públicos de qualidade, assegurando, portanto, os direitos dos cidadãos. Uma questão que pode ser feita a esse respeito é a de como o argumento da gestão, que culmina na afirmação da qualidade dos serviços básicos, como educação e saúde, por exemplo, dá conta da garantia dos direitos. No entanto, há outra, mais diretamente relacionada à redefinição de atribuições no tocante a serviços e direitos, que indaga sobre o papel desempenhado pelas organizações sociais, nessa proposta. Embora a tese seja a de promover a qualidade mediante a remodelação da máquina estatal, esses serviços, que se pretendem excelentes, tendem a descolar-se das instâncias do Estado. Ou, dito de outra maneira, a reforma não remodela o Estado, de modo a torná-lo mais eficiente na prestação desses serviços. A tese é de que a eficiência decorre, mesmo, do desligamento das instituições prestadoras dos serviços do aparelho estatal. Daí a grande importância dada às organizações da sociedade civil.

Inicialmente, a política do governo foi atribuir a qualificação de *organização social* às entidades que oferecessem serviços prestados pelo Estado, mas não exclusivos dele. A meta era expandir essa qualificação para instituições públicas que prestassem serviços mais fundamentais. Como *organizações sociais*, essas *entidades públicas de direito privado* estabeleceriam um contrato de gestão com o Ministério que as supervisionasse e teriam o direito de participar do orçamento do Estado. Exemplos citados — mas não detalhados — dessa transformação são a Fundação Roquette Pinto ("de produção e veiculação de televisão educativa") e o Laboratório Nacional de Luz Síncroton do CNPq, em Campinas (Pereira, 1998, p. 244). Por parte do governo, os argumentos em favor das *organizações sociais* eram muito semelhantes aos argumentos em prol do protagonismo da sociedade, embora o que parecesse estar em jogo fosse algo além da divisão de tarefas e responsabilidade entre ela e o Estado.

A reforma causava uma mudança de estatuto das instituições prestadoras de serviços públicos (que, sendo de interesse geral, mas não estatais, deveriam ser gerenciadas por entidades públicas) porque elas passariam a ser submetidas ao direito privado. A pertença dessas organizações ao âmbito privado merece ser detalhada. Enquanto o Direito Público "visa a regular, precipuamente, os interesses estatais e sociais", o Direito Privado "tutela predominantemente os interesses individuais, de modo a assegurar a coexistência das pessoas em sociedade e a fruição de seus bens" (Meirelles, 1990, p. 36). Quando as instituições públicas, antes de responsabilidade estatal, passam a ser regidas pelo Direito Privado, acontece uma mudança relativa ao atendimento dos direitos, que ultrapassa o fator gerencial da eficiência. O atendimento aos direitos deixa de ser matéria de reivindicação dos cidadãos para tornar-se querela individualizada dos consumidores dos serviços oferecidos. A mudança vai ao encontro da proposta do ministro Bresser Pereira, segundo a qual, concorrentes entre si, as organizações alcançariam níveis elevados de qualidade nessa oferta. Isso é o que ele denomina como *quase mercado*. Assim, além de serem mais eficientes que as organizações estatais ou privadas, essas organizações públicas de direito privado fortaleceriam as instituições democráticas, por situarem-se entre o Estado e o mercado, na área híbrida do "público não estatal". Ao lado disso, a oferta de serviços de saúde, educação, cultura e pesquisa científica por essas organizações, segundo afirmação que o autor atribui à política do governo, "tende a ser a cada vez mais generalizada em todo o mundo" (Meirelles, 1990, p. 235). Essas ideias são bastante próximas daquelas que colocam as fundações e institutos de origem empresarial como organizações que se caracterizam e definem pela competência gerencial e, portanto, poderiam assumir o papel de ensinar suas técnicas às organizações e entidades classificadas, então, como as que tinham muito a aprender.[16]

A elaboração desses argumentos e as ligações que eles possuem com a construção do discurso do *novo* voluntariado dão mais elementos para voltarmos à outra face dessa construção: as relações existentes em torno

---

16. Vide capítulo I, item Instituições de origem empresarial, p. 32.

desses discursos. Poderíamos retornar a elas, com o uso da noção de elites, identificando os atores que defendiam esse conjunto de noções. Renunciando às discussões presentes na chamada teoria das elites, propomos utilizá-la como uma categoria funcional, que nos permita caracterizar um grupo a partir de traços comuns entre seus elementos, entre elas a proximidade com as instituições onde as decisões políticas são tomadas, o gozo de prestígio ou de riqueza, e a capacidade de influenciar decisões ou configurações de forças que determinam ou incidem sobre a vida social. Weber (1999), discutindo a distribuição de poder em comunidades políticas, considera, por um lado, o poder econômico, cuja distribuição define a ordem econômica e o "poder em geral" (Weber, 1990, p. 175), que não é condicionado politicamente. Segundo Weber, pode-se entender por poder a "probabilidade de uma pessoa ou várias imporem, numa ação social, a vontade própria, mesmo contra a oposição de outros participantes desta" (Weber, 1990, p. 175). O poder que não tem fins econômicos está relacionado com a honra social que atribui a seu detentor, embora seja necessário fazer a ressalva contra relações diretas entre poder e honra: nem o poder é o único fundamento da honra e nem todo poder traz honra, podendo, inclusive, ser o contrário, a honra social ser o fundamento do poder, inclusive de poder econômico.

Se "ser elite" significa ter poder, é preciso considerar que há diferentes tipos de elites. É muito frequente, entre os autores que trabalham com essa noção, a referência a dois outros que, segundo eles, inauguram o uso do termo para estudar esse grupo social: Gaetano Mosca e Vilfredo Pareto (Santos, 1979; Bottomore, 1965; Mills, 1968). É igualmente comum a crítica de que esses dois autores definem esse grupo que detém "algo a mais" que os outros (poder, riqueza, privilégios) em termos de qualidades naturais, de capacidades e habilidades que concorrem para seu estabelecimento como um grupo de elite. Santos cita a teoria de Robert Michels como mais interessante para pensar sobre o assunto, uma vez que ele relaciona a posição de mais poder ao acesso e à presença em posições de comando de instituições socialmente importantes.

> São as organizações e instituições de poder que convertem seus ocupantes em uma elite, destacando-os da base social ou do público a que teorica-

mente deveriam ter obediência, e não o inverso. (...) Em outras palavras, as elites não são, naturalmente, segregadas e filtradas pela sociedade, mas produzidas pelas próprias instituições, sejam as instituições econômicas, sejam as burocrático-administrativas, públicas e privadas, sejam as políticas (Santos, 1979, p. 59).

Partindo de um entendimento de poder quase literalmente semelhante ao de Weber (segundo o qual deter poder é a possibilidade de uma ou poucas pessoas imporem sua vontade mesmo contra oposição de outros), Mills também relaciona ter poder ao acesso a determinadas instituições (Mills, 1968, p. 18). As principais são o Estado, o exército e as empresas, ou seja, as principais instituições dos domínios político, militar e econômico. Localizando sua investigação no contexto norte-americano, afirma que nenhuma outra instituição possui o poderio dessas três: "Famílias, igrejas e escolas *adaptam-se* à vida moderna; governos, exércitos e empresas *fazem* essa vida moderna, e, ao fazê-la, transformam as instituições menores em meios para seus fins" (Mills, 1968, p. 14 — grifos nossos). Mills adiciona, ainda, dois aspectos que considera fundamentais para a detenção de poder: o uso de veículos de comunicação de massa e o que chama de "natureza cumulativa do privilégio", ou seja, as posições de comando das principais instituições sociais são intercambiáveis, permitindo a circulação dos membros da elite entre as instituições. Esses aspectos são particularmente importantes para o nosso trabalho. Primeiro, os meios impressos e eletrônicos de comunicação tiveram e têm tido participação marcante na divulgação daquele conjunto de ideias relacionadas às soluções para as questões sociais. Essa é a evidência de que os grupos que tinham o objetivo de divulgá-lo e fazê-lo presente no horizonte público eram grupos sociais que tinham fácil acesso a esses meios de comunicação. Em segundo lugar, pelo fato de as relações que escolhemos focar revelarem certa permeabilidade entre os domínios aos quais os seus membros pertencem, sejam eles empresários, personalidades ou políticos.

A despeito das particularidades de cada enfoque, interessa apreender a relação que esses autores estabelecem entre ser elite, acessar instituições-chave e deter meios de impor-se sobre outros grupos. A intenção, aqui, é desenvolver a hipótese de que os pontos de sustentação do conjunto de ideias ao qual pertencem as que caracterizam o *novo* voluntariado estão em lugares sociais de influência e de poder. A partir do centro do poder político, formaram-se redes de colaboração de poder econômico (empresários e organizações de fomento) e de influência social, reconhecidamente utilizados como meios eficazes de convencimento. A constante aparição do tema no debate público, com o apoio de grandes meios de comunicação, centros de estudos e pesquisa ou dirigentes políticos, mais comumente trazendo afirmações em vez de questões, também pode ser vista como rede que, sustentando aquele ideário, chama a atenção para ele e convida ao envolvimento com ele. Bresser Pereira (1998) afirmou o uso estratégico dos meios de comunicação como importante elemento nesse esforço persuasivo. Segundo o ex-presidente Fernando Henrique, por ocasião de um seminário cujo tema era a reforma do Estado, o avanço na interação entre ONGs e Estado exigia "liderança, (...) um processo progressivo de convencimento" (Bresser Pereira e Spink, 1999, p. 17). Segundo relatório elaborado pelo Instituto Faça Parte,[17] como balanço do Ano Internacional do Voluntariado no Brasil, no ano de 2001, o tema esteve presente em diversos veículos de comunicação. Em publicidade, foram cinquenta horas na TV, 400 horas em rádio, cinquenta páginas de mídia impressa, 200 horas em painéis luminosos. Em mídia espontânea, duas mil páginas de reportagens, 200 horas em canais de televisão e 300 horas em rádio.

A ênfase em estratégias de convencimento também é sinal da contingência a que fica sujeita a área social. Sem a regulação, a opção entre participar ou não fica ao sabor do imponderável e não há como questionar a recusa, seja de doação material, seja de ação. Trata-se de livre escolha, de respeito ao arbítrio, tanto para indivíduos, quanto para empresários. A diminuição de investimentos na área social, num contexto desfavorável, será passível de condenação? Será passível de persuasão em contrário? Por deslocadas que pareçam essas questões, é nesses termos que a questão

---

17. O Instituto Faça Parte surgiu com o objetivo de gerenciar as atividades do Ano Internacional do Voluntariado. Com o término do ano, seus participantes decidiram dar continuidade às ações, com focos variados, como, por exemplo, a promoção do voluntariado jovem e de voluntariado nas escolas.

social está sendo discutida, no terreno das escolhas privadas e das decisões particulares[18]. Nesse sentido, a crítica ao fundamento liberal repete-se na esfera das questões sociais, uma vez que a diferença na forma de agir para enfrentá-las não está na ação em si, mas em seu entendimento. No modelo liberal, a assistência é residual, emergencial, para corrigir deficiências individuais. Diferente é a concepção que atribui a garantia dos direitos sociais à instância pública, pois ela funciona como instância que regula as diferenças entre os indivíduos, criando, artificialmente, a igualdade entre eles (Ewald, 2000; Raichelis, 1998).

Se o empresariado e os profissionais do Serviço Social ocuparam posições de colaboração e oposição, respectivamente, em relação ao *novo* voluntariado e ao discurso mais amplo que lhe deu sustentação, a Igreja ocupou posição dúbia. A preferência, pelo presidente Fernando Henrique Cardoso, por um nome não ligado à Igreja para a presidência do conselho do Comunidade Solidária, mas a garantia de sua presença entre os representantes da sociedade civil pela ocupação de uma cadeira, na pessoa de dom Mauro Morelli, são representativas dessa ambiguidade. A Igreja Católica, tradicionalmente presente na área social, possuía, então, duas formas de envolvimento com ela: aquela relacionada às organizações caritativas e filantrópicas e, mais recentemente, a relacionada às alas progressistas, de participação política e defensora da garantia de igualdade de direitos. Nenhuma das duas apresentava afinidade com o discurso social do governo federal. A imagem da militância era rejeitada

---

18. Reportagem do jornal *Folha de S.Paulo* apresenta representantes de organizações não governamentais que não conseguem apoio financeiro para suas ações. Segundo eles, os recursos são direcionados para públicos e temas que contribuem para a imagem do doador, o que não se aplica a eles, segundo suas próprias avaliações. Os entrevistados trabalham em organizações voltadas para portadores de HIV, de hanseníase, profissionais do sexo e homossexuais (*Folha de S.Paulo*, 28/6/2005, Caderno Sinapse). De outra perspectiva, vale a pena recorrer à descrição feita por Iamamoto e Carvalho, da relação entre as camadas médias da população e os operários, na década de 1920, caracterizada pela ausência de regulação pública. Segundo os autores, não havendo laços políticos entre esses grupos sociais, ao operariado restava "a dúbia simpatia e comiseração para com sua sorte (...), simpatia que prontamente tende a tornar-se em hostilidade ao radicalizarem-se as lutas reivindicatórias" (Iamamoto e Carvalho, 1982, p. 136). Em ambos os casos, trata-se de disputas e concorrências características de relações privadas. A ausência de regulação leva a que a questão se encerre pela lei do mais forte.

pelo argumento da colaboração e a imagem da filantropia, pelo argumento da modernização; ambos os argumentos fazem parte da construção da qualidade de *novo* atribuída ao trabalho voluntário. No entanto, ainda que se pudesse levantar a recorrente questão sobre a perda de influência da Igreja Católica, ela ainda possui força suficiente para que sua presença não seja dispensável. Não se trata de definir ou descrever no que consiste ou qual o alcance dessa força, mas de registrar o fato de que ela veio se mantendo como instituição participante em diversos espaços de mobilização ou discussões sobre problemas sociais. Já foram mencionados os números relativos à sua presença na área das organizações sociais,[19] ela tem assento no CNAS, ocupou a presidência do CONSEA e participou das movimentações pela ética na política e pró-*impeachment* do ex-presidente Fernando Collor.

Assim sendo, participou do conselho do Comunidade Solidária, mas não chegou a figurar entre os parceiros de sua construção. No esforço de construção da novidade, à Igreja coube o lugar de representação do passado, a partir de sua vertente mais tradicional, o da ação filantrópica. Já aquela vertente caracterizada pela defesa de uma atuação política de contestação e reivindicação representava, paradoxalmente, o tipo de participação qualificado como velho e ultrapassado. A novidade, então, estabelecia com a Igreja um relacionamento de dois tipos: em relação ao passado benemerente e caridoso, o *novo* voluntariado era evolução e aperfeiçoamento. Em relação à prática da militância questionada, ele era ruptura e renovação. Descendia do primeiro e rejeitava o segundo. Essa dualidade se manifestava em declarações e aparições públicas. Assim, ao mesmo tempo que os jornais noticiavam que "o papa João Paulo II deu 'graças a Deus' ao saber da existência do programa assistencial Comunidade Solidária, dirigido pela antropóloga Ruth Cardoso (...)" (*Folha de S.Paulo*, 1-15, 30/11/1995), o arcebispo de Aparecida, dom Aloísio Lorscheider, declarava que a política do governo federal era "paternalista e assistencialista" (FSP, 1-10, 13/10/95). Por um lado, o discurso do *novo* voluntariado descrevia a ação da Igreja, no passado, como aquela que

---

19. No item "Alguns dados sobre as organizações", primeiro capítulo.

representava a filantropia que se pretendia aperfeiçoar e superar. Por outro, no contexto mais amplo em que aquele discurso surgiu, na década de 1990, as manifestações da Igreja nem sempre foram descritas como relevantes ou passíveis de consideração.[20]

O cenário de relações sugere cuidados estratégicos na escolha dos parceiros[21] e, no caso da Igreja Católica, essa estratégia apresenta elementos específicos. Se, no plano das relações, a aproximação e o afastamento ficaram manifestos nas críticas e menções a ambos os lados, no plano da elaboração da ideia de um *novo* voluntariado havia muito mais afinidades do que afastamentos. Ela trabalhava com ideias de solidariedade e colaboração, afins ao universo religioso, não só católico. É verdade que havia o esforço de travestir tais ideias de noções não religiosas de civismo, participação e cidadania, mas é inegável que o peso de uma tradição religiosa no plano das ações sociais foi utilizado nessa construção. O uso da Igreja como uma instituição que está no passado do *novo* voluntariado abre caminho a uma ação que, nos termos propostos pelo *novo*, não seria imediata ou necessariamente compatível com o conjunto de representações sobre o público brasileiro. Isto é, o "povo" brasileiro, em termos de cidadania aparece, no senso comum, como um povo acomodado, desmobilizado, que não reivindica seus direitos. Mas não é a essa imagem que o *novo* voluntariado faz referência. Ele o faz à imagem do brasileiro naturalmente solidário, que já pratica o trabalho voluntário, embora não o perceba. É sobre essa imagem que o *novo* voluntariado inventa seu passado e estabelece o solo sobre o qual lançará a ação dita cidadã. Não

---

20. "Eu me dou bastante bem com o dom Jayme Chemello, que é presidente da CNBB; outro dia vieram jantar aqui e ele disse que a CNBB nunca havia jantado com nenhum presidente da república. Agora, eles não sabem muitas coisas. Outro dia me deram um documento da Campanha da Fraternidade sobre o desemprego. A análise é tão pobre — eu disse que ia mandar uns comentários, mas depois nem mandei, porque é tão pobre, está tão fora de foco, é só coração... E isso sempre foi assim, porque a Igreja se preocupa com a distribuição e não com a produção. Agora, o presidente da república tem que se preocupar com as duas coisas; ele sabe que sem produção não há distribuição" (Fernando Henrique Cardoso, in: Sallum e Cohn, s/d.).

21. Com isso, não se pretende afirmar uma articulação maquiavélica de interesses secretos. A preocupação estratégica assume, aqui, a ideia de elaboração que está presente, por sua vez, na ideia mais ampla de construção de um *novo* voluntariado.

foi o histórico de repressão de movimentos populares (que, apagando os rastros das mobilizações sociais de origem popular alimenta a representação da apatia brasileira) que o *novo* voluntariado se esforçou em retomar para lançar sua ideia de um brasileiro ativo por meio do voluntariado. Ao contrário, resistências politizadas de um passado recente ocuparam o lugar de um tipo de participação que, equivocada, estaria sendo superada pela novidade da participação social via organizações, via trabalho voluntário. Essa familiaridade com um passado social imbricado não só com a religiosidade, mas com a presença da Igreja Católica como instituição que era parte dos jogos de configuração de poder e, especialmente presente na área social, é dado importante no processo de construção do *novo* voluntariado, portanto.

As relações estratégicas entre os atores ajudam a caracterizar o contexto de emergência do *novo* voluntariado como um momento que mescla elementos tradicionais de nossa história, embora seja apresentada como um acontecimento de renovação e inauguração. A intensidade das relações entre o Estado e os demais atores (empresários, Igreja Católica e profissionais da área de assistência) forma uma escala de gradação que vai da parceria à oposição; escala que encontra paralelo na intensidade de intercâmbio de ideias entre seus campos específicos, que concorrem para a formação do discurso do *novo* voluntariado. Pensando caso a caso, a afinidade entre as instituições ligadas ao governo federal e aquelas originadas no mundo empresarial, no momento da emergência do *novo* voluntariado, permitiu a conjugação das noções de serviços eficientes, qualificação das ações, modernização das ideias, profissionalização do trabalho voluntário e integração a um movimento semelhante em curso no mundo inteiro. Em relação à Igreja Católica, as afinidades e as divergências fizeram com que apenas algumas ideias tivessem sido incorporadas (as de solidariedade, doação, propensão ao bem, igualdade entre os homens), em detrimento de outras (politização, reivindicação, responsabilidade do Estado). Com os profissionais da área de assistência, finalmente, a divergência de concepções que os colocou em oposição também é perceptível pela incompatibilidade de termos utilizados por ambos. O sucesso dessas articulações e construção de imagem e discurso está em que a reposição de antigos padrões e ideias se dê sob a aura da novidade: o debate sobre a área social dominado por ideias de ações pessoais; a predominância da determinação dos termos do debate por grupos pertencentes às elites políticas e econômicas; a máxima desenvolvimentista segundo a qual o crescimento econômico desencadeará o desenvolvimento social e a redução das desigualdades; o estabelecimento de convênios entre o Estado e organizações sociais; a necessidade de colaboração em nome do bem coletivo; a área social funcionando em função das decisões em outras esferas.

A configuração das colaborações e críticas ao *novo* voluntariado presente no momento de seu surgimento manteve-se praticamente inalterada nos anos seguintes, embora mudanças pontuais tenham acontecido. Nos últimos anos, vem se fortalecendo uma vertente de pensamento empresarial que questiona a excessiva ênfase da atuação dos empresários na área social.[22] Já no segundo mandato do presidente Fernando Henrique Cardoso, a mudança na composição dos conselheiros do CNAS reduziu a clareza de um posicionamento de oposição à política social do governo federal.[23] A Igreja Católica permaneceu em sua posição de colaboradora-crítica. Mas o que parece importante apreender, aqui, é que foi possível revestir uma proposta aparentemente simples (estimular a participação de tipo voluntário) de um sinal de mudança e transformação social. Algumas condições permitiram a formulação de uma proposta de transformação social, que pretendia ultrapassar os particularismos individuais, baseada, contudo, em apelos e argumentos de natureza particular.

---

22. Entrevistas como a do economista Stephen Kanitz, conhecido por seu trânsito e atuação no campo das ações socialmente responsáveis de empresários (disponível em: <www.filantropia.org>) e a reportagem de capa da revista *Exame*, de março de 2005, cujo título é "Vergonha do Lucro", são exemplos. Na primeira, o economista afirma que o investimento social das empresas, por meio de seus departamentos de marketing, são prejudiciais para organizações sociais de menor porte e para o próprio país. Na segunda, empresários comentam resultados de uma pesquisa sobre a percepção de empresários e consumidores acerca da missão das empresas: no primeiro grupo, a maior parte das respostas foi "gerar lucro", alternativa citada por apenas 10% dos consumidores. As interpretações dos empresários citados na reportagem variaram entre a ponderação dos motivos que levaram a esse resultado e afirmações sobre consequências indesejáveis do investimento social.

23. Depoimentos sobre essa mudança podem ser encontrados em Mestriner, 2000.

O *novo* voluntariado e seu contexto

Se é possível pensar na emergência desse *novo* voluntariado em um terreno propício para isso, é possível tomar a emergência do trabalho voluntário no cenário público como fenômeno que radicaliza e reproduz, em escala reduzida, as disputas que estão se dando num âmbito mais ampliado. Isso ocorre porque o aparecimento público do *novo* voluntariado foi construído dentro de um cenário em que concepções divergentes sobre Estado, direitos e sociedade circulavam pelos mesmos espaços. As principais qualidades desse trabalho voluntário renovado, atribuídas a ele por seus defensores, referem-se à recepção e adaptação daquelas ideias de colaboração e de necessidade de ação da sociedade, em função de um Estado esgotado. Fazem-no lançando mão tanto da afirmação de uma propensão, dita nata, do brasileiro, ao bem e à solidariedade, quanto de uma transformação de visão dos indivíduos, que decidiram exercer sua cidadania de maneira positiva e ativa. A novidade colocada aqui se especifica pela diferenciação em relação à imagem de um brasileiro que, naturalmente solidário, agia de maneira pontual e dispersa. A transformação, por sua vez, faz-se em relação a indivíduos que esperavam do Estado, tradicionalmente centralizador, a concessão do que reivindicavam; reivindicação feita pela crítica negativa, pela interpelação. A escolha entre uma posição e outra se torna, nesses termos, a escolha entre uma nova forma de ver e estar na sociedade e um apego a formas velhas e ultrapassadas, que não trouxeram nenhum resultado para a vida social. Nessa medida, o discurso do *novo* voluntariado reproduz aquela linha que separa "antigos" e "modernos", os que insistem no passado e os que acompanham as mudanças do mundo[24]. Ao colocar a divergência nesses termos, desqualifica a crítica, pois ela é apresentada não como resultante de uma concepção diversa, mas de um equívoco de percepção, de uma falta de entendimento. A identificação da fala do interlocutor com o velho

---

24. Vimos essa dicotomia entre os empresários, entre organizações religiosas atuantes na área social, entre conselheiros do Comunidade Solidária e entre os defensores da reforma do Estado e seus críticos.

e com o que não possui mais validade desarma as condições de discussão e a relega ao plano das mesquinharias individuais[25].

Há dois pontos dessa discussão que são importantes para a questão da construção do discurso do *novo* voluntariado: um diz respeito à centralização do argumento na dimensão individual e o outro, à aparência que o próprio discurso conferiu à disputa que travava com seus críticos. Esse segundo aspecto diz respeito à negação, feita por meio do discurso institucional, de que houvesse concepções divergentes em jogo. A vocação que apresentava não era a da disputa e sim a da colaboração. E a ênfase dada à sociedade civil como protagonista dessa renovação contribuía também para a diluição de qualquer intencionalidade que pudesse ser localizada nos programas do governo federal. Entretanto, o discurso institucional do *novo* voluntariado foi tão eficaz em sua apresentação como novidade, em grande medida porque fazia parte de um conjunto de ações e de um discurso que lhes dava coesão, que argumentava em favor da instituição de um momento de renovação em *toda* a sociedade. O *novo* voluntariado estava inserido num cenário político, alinhado a uma política de governo e, no entanto, o programa que lhe dava sustentação, o Comunidade Solidária, recusava sua identificação com o governo federal. A mesma diluição entre governo e sociedade que envolvia esse programa, envolvia o *novo* voluntariado (permitindo sua construção como algo resultante de uma nova postura da sociedade) e de maneira ainda mais eficiente. O discurso da colaboração e superação das divergências, em nome de um bem comum maior que os particularismos, concorreu para essa eficiência na medida em que apresentá-lo como uma decisão política de que se discordava passou a significar recusa à colaboração e apego, algo egoísta, a discordâncias inócuas.

O segundo ponto que fez parte desse processo de construção do *novo* voluntariado, e que causou efeito semelhante ao produzido pelo

---

25. Um exemplo desse artifício é atribuir adjetivos à crítica, ainda que ela pudesse, e por vezes seja, respondida. "Mas, infelizmente, há os pessimistas profissionais — uns por temperamento, outros por ingenuidade e uns tantos por má-fé — que continuam pregando a fracassomania" (pronunciamento do presidente Fernando Henrique Cardoso, em fevereiro de 1995, in: *Folha de S.Paulo*, 1-5, 4/2/1995).

argumento da colaboração, foi o da centralidade no indivíduo. A partir do momento em que o *novo* voluntariado se propunha a estimular e qualificar um desejo de participação individual, a crítica a ele era respondida, imediatamente, como se o questionamento se referisse ao indivíduo que desejava ser participativo. A resposta, portanto, aparecia sob a forma de sua defesa: "o que há de ilegítimo em que as pessoas façam o bem e sejam estimuladas a isso?". A questão não é de difícil resposta: nada. A dificuldade está em clarear e distinguir os termos do debate, já que as dimensões individual e a social aparecem uma como extensão da outra, isto é, a sociedade é uma soma de indivíduos que, estimulados para o bem, tornam a sociedade melhor. A questão é: o que significou transformar a ação individual ou o apelo a disposições particulares em diretriz de um discurso público, de origem estatal, de enfrentamento de problemas sociais?[26] O que significa afirmar que esse discurso não era um discurso de governo? Não se trata de condenar o estímulo ao voluntariado, mas questionar os efeitos causados, para o campo de ações, decisões e interpretações sobre a sociedade e seus problemas, por uma política pública elaborada com base, predominantemente, em termos de engajamento individual, ação indignada, doação e disposições particulares. A crítica ou a recusa a essa maneira de tratar as questões sociais torna-se presa de um desses possíveis efeitos: a qualificação da escolha entre o apoio ou a rejeição ao voluntariado, e todas as propostas que o acompanham, como forma válida de ação para solução de problemas sociais, conforme já foi dito, como uma escolha moral (engajar-se e ajudar ou criticar e manter a situação como está) é possível porque o discurso está construído e retira seus elementos do rol de atributos e escolhas valorativas. É possível que escolhas e argumentações dessa natureza tenham existido em todos os

---

26. Se os problemas sociais receberam tratamento que os colocava no plano da colaboração e doação individual, o diálogo personalizado do presidente com os indivíduos foi uma vertente forte em seus discursos nesse período: "Você sabe o alívio que é viver sem inflação. Eu não preciso ficar repetindo. É importante a gente olhar para trás e ver como o Brasil melhorou nos últimos meses. É isso que nos dá confiança, dá ânimo para continuar fazendo tudo o que precisa ser feito para melhorar o Brasil ainda mais. Juntos, cada um de vocês e o governo, continuaremos a batalha contra a inflação no dia a dia, para impedir que ela volte" (pronunciamento do presidente Fernando Henrique Cardoso, em fevereiro de 1995, in: *Folha de S.Paulo*, 1-5, 4/2/1995).

lugares e momentos em que a participação individual nos assuntos referentes à vida social tenha sido colocada em pauta. A questão é que, no contexto em que emergiu o *novo* voluntariado, esse debate não se dava nas esferas individuais, mas nos espaços públicos, tendo influência, portanto, sobre o que seria realizado em relação a problemas que diziam respeito à sociedade e sua avaliação. Tais problemas passavam, nesse sentido, cada vez mais a dizer respeito aos que os personificavam: em vez da questão, o público-alvo; em vez da pobreza, os pobres.

A tomada da dimensão individual como parâmetro para a discussão de problemas sociais tende a esvaziar os espaços de mediação e a torná-los supérfluos, quando não, indesejáveis. Oliveira (1999) traz mais elementos para essa reflexão quando trabalha a presença atual de um "sentimento de desnecessidade do público". Sua discussão não diz respeito à ênfase dada aos indivíduos, no debate sobre a resolução de problemas sociais, tal como fazemos aqui, mas à experiência de um grupo, a burguesia nacional, de acumulação de capital, concentração e centralização que, subjetivada, produz a falsa consciência de desnecessidade da dimensão pública representada, por sua vez, por um processo de privatização do espaço público.[27] Essa subjetivação "é radicalmente antipública, no sentido da esfera pública não burguesa ou cidadã, como prefere Habermas, no sentido de uma experiência de transcendência dos próprios âmbitos de classe" (Oliveira, 1999, p. 68). Um dos efeitos desse processo é a incapacidade de transformar resistências e objeções em reações políticas, isto é, de que haja possibilidade de interferir nas regras do jogo, modificar de

---

27. Realizando essa discussão com base na experiência brasileira, Oliveira retoma o contexto em que se originou a expressão "falência" do Estado. Ela ocorreu em relação ao esgotamento do Estado enquanto condutor da produção industrial nacional, quando, com a crise na década de 1980, a dívida externa foi convertida em dívida interna pública. O centro dos questionamentos tornou-se, então, o critério de efetivação dos gastos públicos, sendo colocados, na sequência, os gastos sociais como *locus* dos gastos excessivos. Embora a riqueza pública sustente a "reprodutibilidade do valor da riqueza", em forma de fundo, a aparência é de que as empresas emprestam dinheiro ao Estado, "via títulos da dívida pública mobiliária interna" (Oliveira, 1999, p. 68). Nessa aparência, portanto, o Estado se sustenta "como uma extensão do privado". Nesse sentido é que ocorre a privatização do público e a correspondente experiência subjetiva de sua desnecessidade.

fato a configuração das relações e alterar a lógica estabelecida de tomada de decisões.

Essas ideias interessam à nossa discussão na medida em que a ação voluntária, estimulada por esse *novo* voluntariado, prescinde de instâncias públicas, rejeita e desencoraja o investimento ou a busca pelo Estado. Ao contrário, ele é representado pelas imagens da corrupção e da incapacidade do setor estatal e, quando muito, pela possibilidade de essa instituição poder aprender a ser criativa e eficiente com a sociedade civil. Talvez aqui caiba a forma mais acabada da expressão referida aos movimentos populares da década de 1980: "de costas para o Estado". Os movimentos organizavam-se e funcionavam, é verdade, fora do âmbito do aparelho estatal. Entretanto, sua organização levava à busca do Estado, como instância responsável pelo arbítrio das disputas sociais. Ainda que demonstrassem posicionamentos de oposição em relação a ele, havia sua consideração como interlocutor. Diferente relação se observa entre Estado e voluntariado. Livre dele, a imagem do "arregaçar as mangas" localiza a possibilidade de interferência nos rumos da sociedade, na vontade individual e no fazer imediato. Essa desnecessidade ou "dispensa" do Estado, pelo *novo* voluntariado, está ofuscada pela ideia da parceria, ligada, por sua vez, à crítica sobre sua incompetência e falência, como solução para um problema de caráter estritamente gerencial.

Por outro lado, o sentimento de urgência em relação aos problemas sociais, na medida em que é nutrido pela percepção de que a única alternativa viável para resolvê-los se dá por meios definidos pela relação direta entre indivíduos (sem mediações entre eles) — e por sua vez, nutre essa apreensão —, também abre solo fértil para o trabalho voluntário. Ele responde a essa urgência tanto como alívio para quem recebe, quanto como prazer para quem doa. Essa imagem de uma via de mão dupla, de troca, contribui para ressignificar a prática voluntária em seu viés filantrópico, na medida em que, se a filantropia liga indivíduos que se definem, um em relação ao outro, pela condição objetiva de desigualdade, a troca voluntária, diferentemente, os designa como iguais. Ou seja, abandona-se a ideia de igualdade como algo passível de construção social, independente de inclinações individuais, em favor de uma igualdade entre seres humanos, sem desigualdades que os separem, havendo, portanto, apenas diferenças naturais.

Pensando a crise do Estado-providência[28] francês, Rosanvallon levanta questões importantes acerca da debilidade estatal como instância garantidora da igualdade social entre os indivíduos. Assim como no Brasil, o argumento das limitações econômicas desse tipo de programa estatal diante dos custos elevados de manutenção das políticas sociais foi recorrente no debate francês, segundo o autor. Depois de descrever diversas tentativas teóricas de estabelecer o ponto-limite ideal para o desenvolvimento do Estado-providência e apontar as deficiências e insuficiências dessas linhas de análise, o autor propõe que se abandone a questão sobre qual seria o "grau de socialização tolerável de certo número de bens e serviços" (Rosanvallon, 1997, p. 15), para entender a crise do Estado-providência "a partir da evolução da estrutura social e da relação que o Estado mantém com ela" (Rosanvallon, 1997, p. 17). Seu argumento parte da tradição que afirma a política social como garantidora da estabilidade social, de não-retorno a um estado de incerteza. Assim, a ordem social é mantida com base nos interesses comuns de todos aqueles que vêem vantagens em sua manutenção. Dessa forma, o questionamento do Estado-providência é um questionamento à relação sociedade-Estado e seus limites "devem ser entendidos a partir das formas de sociabilidade que ele induz" (Rosanvallon, 1997, p. 38). A elaboração da questão nes-

---

28. Rosanvallon apresenta cinco pontos com os quais define o sentido em que usa a denominação Estado-providência: "1. O Estado moderno define-se fundamentalmente como um Estado-protetor. 2. O Estado-providência é uma extensão e um aprofundamento do Estado-protetor. 3. A passagem do Estado-protetor ao Estado-providência acompanha o movimento pelo qual a sociedade deixa de se pensar com base no modelo do corpo para se conceber sob o modo mercado. 4. O Estado-providência visa substituir a incerteza da providência religiosa pela certeza da providência estatal. 5. É a noção de probabilidade estatística que torna praticamente possível e teoricamente pensável a integração de providência no Estado" (Rosanvallon, 1997, p. 23). Ele diferencia sua definição da de outros autores que conceituam o Estado-providência por meio da passagem dos sistemas de assistência aos de seguro-passagem cujo ícone é a criação das poor laws inglesas do século XVII, e da definição marxista, que coloca o desenvolvimento do Estado-providência como resposta ao desenvolvimento do sistema capitalista. Para o autor, na medida em que atrela o desenvolvimento do Estado-providência ao da concepção da sociedade como mercado, é possível perceber que esse Estado progride aos saltos, impulsionado em momentos de crise. E, conclui que, se assim é, é porque nos momentos de crise a sociedade se vê diante da exigência de reformulação do contrato social.

ses termos interessa, aqui, pela ideia de que o Estado-providência tem o seu fundamento em um pacto social, "a representação simbólica da integração fundamental sobre o sentido do confronto social, momento imaginário no qual se experimentam as razões e as dificuldades do viver junto" (Rosanvallon, 1997, p. 75). Ou seja, o Estado que atua de maneira a intervir na vida social, em nome da manutenção produzida da igualdade entre os indivíduos, tem sua existência e forma de ser calcada em uma justificativa que interliga os destinos individuais entre si e estes com o destino social. A crise a que o autor se refere tem no abalo desse pacto um de seus componentes.

Operação semelhante de conexão entre indivíduos e coletividade como amálgama social é realizada por Lipovetsky, ainda que em termos distintos. Se Rosanvallon se dedica a explorar as dimensões cultural, social e econômica do Estado-providência francês, Lipovetsky também se vale de um contexto francês em transformação, na emergência do que ele denomina de sociedade pós-moralista. Em sua origem, está o processo de crepúsculo do dever, sendo essa a ideia que interessa à nossa discussão. Partindo da noção kantiana de dever, esse autor afirma que o mundo moderno tem a moralidade social baseada no dever como uma de suas características fundadoras, o que implica o compromisso de um indivíduo para com o outro, como compromisso que ele tem consigo mesmo. O declínio do culto do dever é o abalo da implicação de si como mandamento universal, intrínseco à "felicidade e liberdade dos homens" (Lipovetsky, 2005, p. 60). A sociedade pós-moralista caracteriza-se, assim, entre outras coisas, não pela ausência de deveres em relação ao outro, mas pelo abandono do reconhecimento individual de dependência a qualquer instância externa ao próprio indivíduo. As manifestações sociais desse processo descrito pelo autor apresentam semelhanças intrigantes com as descrições que foram apresentadas aqui como parte da construção do *novo* voluntariado.[29] Mas, por hora, o que interessa são as análises des-

---

29. O autor trabalha com a ideia de declínio do culto ao dever por meio de suas manifestações em diversas esferas da vida social e individual. Cita o consumo desenfreado; a exaltação do ego, das grifes e etiquetas; a busca pelo prazer e satisfação; a crescente importância dada à informação e sua espetacularização. Passa pela família, pela sexualidade e pelo trabalho. As semelhanças, que conhece-

ses dois autores, que reconhecem um cenário de mudanças nas relações sociais e as descrevem como um processo de ruptura entre elementos que formavam e sedimentavam a unidade social. Em ambos, antes da ruptura ou da mudança, é identificado um cenário de investimento dos indivíduos na manutenção da sociedade, seja por um pacto social, seja por uma moralidade baseada no dever.

Considerando que a questão discutida neste trabalho recai sobre uma alegada novidade social, essas análises suscitam a interrogação sobre qual é o fundamento possível quando se trata de uma sociedade tão desigual quanto a sociedade brasileira. Em outras palavras, a pergunta é: qual a

---

mos já na fase final de redação desta dissertação e que, por isso, chamaram a atenção, relacionam-se ao que o autor chama de "altruísmo indolor", "benevolência midiática" ou "benevolência de massa". Ele cita o engajamento dos indivíduos dentro de limites subjetivos que são definidos pela sensação própria de prazer e satisfação ["Há um desejo de ajudar os outros, mas sem se comprometer em excesso, doando a si mesmo em demasia. Generosidade vá lá, contanto que seja algo fácil e distante, sem ligação com esta ou aquela forma superior de renúncia" (Lipovetsky, 2005, p. 109)]; as grandes campanhas e mobilizações em torno de causas justas como entretenimento, com participação de artistas e personalidades ("Já não há causas nobres sem o concurso de pop-stars, nem grandes arrecadações sem potentes aparelhos de som e alto-falantes. (...) Assim, o público dos *charity-shows* não é mais atraído pela moralidade em si, mas pela cadeia sucessiva dos gestos do coração, pelo espetáculo dos desafios dadivosos, pela excepcional diversidade e alta concentração de personalidades, generosas por si só pelo 'espírito esportivo', notório no engajamento geral" (Lipovetsky, 2005, p. 111, 112); a ascensão do trabalho voluntário e sua renovação por meio de sua separação da ideia de caridade religiosa e identificação com movimento de valorização da sociedade civil ["O novo *status* do voluntariado está na confluência de dois caminhos: a erosão da fé naquilo que é 'exclusivamente político', de um lado, e a expansão crescente dos ideais de autonomia individual, de outro" (Lipovetsky, 2005, p. 120)]. A semelhança é mais intrigante quando se tem em mente que essa transformação acontece, na França, a partir de meados de 1970 e ao longo da década seguinte. Invoca interpretações do tipo que colocam o Brasil como atraso da vanguarda (Oliveira, 1998) e a sensação de importação de um conjunto de ideias para o contexto brasileiro. A ideia de importação, corroborando a de construção na medida em que desmonta a imagem de um movimento da sociedade brasileira, impulsionada por um sentimento de indignação. Finalmente, parece importante salientar, a respeito das semelhanças entre as descrições feitas por Lipovetsky e as que fizemos acerca da emergência de um novo voluntariado, que, apesar delas, há uma diferença sutil na forma como são apresentadas em ambos os trabalhos. Partindo da observação de um fenômeno localizado nos indivíduos (o declínio da importância dada ao dever), a descrição do autor é a apresentação das consequências desse fenômeno. Partindo da concepção diversa de que um conjunto de ideias foi inserido no espaço público por meio de esforços e relações que lhe deram sustentação e destaque, a descrição exposta neste trabalho apresenta o conflito entre os promotores e os críticos dessas ideias. Não explicamos, por exemplo, porque a apresentação da caridade renovada e midiática é aceita e crescente nos anos 1990, e sim mostramos como ela é renovada e adquire a qualidade de midiática, buscando levantar questões sobre as condições que cercam essa renovação.

mudança introduzida por essa festejada novidade, quando se pensa na maneira como as desigualdades foram tratadas ao longo da nossa história, na perspectiva da formação de nossa sociedade? O *novo* voluntariado responde a essa questão afirmando que se trata do engajamento de todos, em oposição à espera pelo Estado, para melhorar as condições de vida dos mais pobres e diminuir as desigualdades. No entanto, na medida em que essas melhorias e a redução das desigualdades dependem de disposições individuais ou doações aleatórias, dependentes também, de desígnios particulares, não parece existir nada novo, já que as ações tomadas na chamada área social têm na dependência do contingente uma característica marcante. Considerando as escolhas, decisões e ações específicas da área de assistência, é possível perceber a recorrência com que elas estiveram sempre "a reboque" das escolhas, decisões e ações em outras esferas, especialmente as econômica e política. Nos anos de 1990, é explícita a menção à dependência do desenvolvimento social em relação ao desenvolvimento econômico e às ações individuais ou coletivas baseadas nas consciências e indignações particulares. O que parece novo, neste último período, é o paradoxo que daí se origina: o Estado, que pouco ou nada sabe na área social, que está esgotado e precisa aprender com a sociedade civil engajada, é o mesmo Estado da competência econômica que trará a prosperidade. Ao menos nos períodos que analisamos, de 1930 e de 1960, havia uma reivindicação clara, pelo Estado, de identificação de sua presença e ação na determinação dos rumos tomados pela sociedade. Nos últimos anos do fim de século XX, o posicionamento altera-se significativamente no que diz respeito à delimitação da esfera de ação estatal: ela é predominantemente de ordem econômica.

A característica do funcionamento da área de assistência de sujeição a acontecimentos e disputas em outras áreas sugere ausência de algo que compusesse a constituição da sociedade, que lhe desse coesão, fosse nos termos de um pacto ou de uma moralidade. Entretanto, talvez seja possível supor que essa unidade tenha se dado exatamente de modo a incorporar a cisão e a desigualdade permanentes na história brasileira. Quando discutem as relações sociais do contexto em que emergiu o Serviço Social brasileiro, Iamamoto e Carvalho diferenciam o que identificaram de um lado como assistencialismo das elites da primeira república e, de outro, como aquele praticado por empresários. Afirmam que o primeiro "é um custo que resulta de sua posição social", "um mecanismo de formar obrigações" e o segundo é de tipo estratégico, uma "benemerência racionalizada", cuja função é construtiva e não distributiva. A semelhança entre ambas é de forma, cuja aparência é a de tentativa de "aliviar as tensões sociais e (...) melhorar as condições em que a acumulação se desenvolve" (Iamamoto e Carvalho, 1982, p. 142). A descrição feita pelos autores permite identificar, no assistencialismo praticado pelas elites da virada do século XX, a influência da perspectiva cristã de convivência pacífica entre os grupos, aliada aos cálculos impostos pela busca da salvação. No segundo caso, das ações dos empresários, a estratégia reúne uma espécie de cálculo custo-benefício em que são pesados a necessidade de controle dos trabalhadores dentro e fora da fábrica e os reduzidos custos que a concessão de benefícios (destaque dado por Iamamoto e Carvalho, para opor a ideia de benefício à de direitos, diferença para a qual se chama a atenção ainda atualmente) adicionaria para os empregadores. Essa interpretação é coerente com a linha de análise desenvolvida pelos autores, que identificam a consolidação do Serviço Social inserido em uma estratégia de controle social e apaziguamento dos conflitos diante da crescente exploração da mão de obra pelo capitalismo nascente. Ainda que trabalhemos em perspectiva distinta, parece ser possível retirar essa interpretação do contexto que a sustenta e generalizá-la como contribuição para o entendimento das relações e jogos que caracterizam a área das ações de assistência. Nesse sentido, parece ser possível afirmar que essa área nasceu fundamentada sobre um tipo de relação entre desiguais que se justifica por argumentos de viés religioso (a ideia de salvação) e de manutenção das desigualdades (a obrigação pela subordinação e de concessões restritas e particulares, de que a imagem do benefício é exemplo ilustrativo).

A relação entre grupos desiguais (ou classes, categoria utilizada pelos autores), por meio da assistência religiosa ou da assistência estratégica, expressa a aceitação e justificativa da existência de uma situação de desigualdade social. Essa aceitação, por sua vez, deu lugar a esse fenômeno e, ao originar uma área dedicada ao atendimento dessa população — a área social — o fez sem a existência de uma formulação que colocasse sua situação como algo que devesse ser de responsabilidade da sociedade e de suas instituições eliminar. Sendo possível esse raciocínio, o passo seguinte aponta a afinidade entre essa incorporação da desigualdade (que coloca grupos sociais em situação de pobreza e injustiça como fatalidade do desenvolvimento da sociedade) e a característica, há pouco afirmada, de essa área ter suas configurações definidas a reboque das decisões tomadas nas esferas política e econômica, apartadas da intenção de integração social. Recuperando a informação de uma cisão, também, na área social, nos anos de 1930 (na medida em que se regulamentam direitos sociais atrelados ao trabalho e de outro lado persistem as ações filantrópicas precariamente reguladas), essa fratura persiste em finais de 1960 (com uma área social em segundo plano, com suas instituições servindo a interesses políticos e o Estado priorizando a educação e a saúde na perspectiva da formação para o trabalho) e, a partir da segunda metade da década de 1990, o peso de cada uma das partes que compõem o social (a porção das ações filantrópicas e a da regulada pelo Estado) apresenta equilíbrio distinto: os termos da ação desenvolvida pelas organizações sociais ganham força e nova roupagem, em detrimento daqueles que colocam a ação estatal como reguladora das ações de enfrentamento das questões sociais.

Discorrendo sobre o processo de "modernização" brasileira (as aspas são do autor), José Luis Fiori (2001) afirma que da expansão colonizadora da Europa até os anos mais recentes da expansão capitalista, o contexto geoeconômico internacional foi fundamental na constituição do Brasil como território e posteriormente como Estado-nação. Não foi diferente com a industrialização do país, que se deu em grande parte atrelada ao capital multinacional. E, desse processo, cujo principal ponto foi, para o autor, o desenvolvimento da indústria automobilística, Fiori se apressa em desfazer o que considera serem duas falsas ideias: a primeira é a de que "a extensão da presença do Estado nessa estratégia de desenvolvimento" correspondeu à consolidação de um "Estado forte ou 'prussiano' que nunca existiu no Brasil" (Fiori, 2001, p. 270). A segunda é a de que "existiu um projeto nacionalista agressivo de criação de um sistema econômico nacional". Segue o autor: "com exceção de dois raros momentos, durante as mudanças geopolíticas mundiais que ocorreram nas décadas de 1930 e 1970, o projeto brasileiro de industrialização jamais esteve associado a qualquer ideia de potência" (Fiori, 2001, p. 270). Essa afirmação adiciona um elemento à discussão sobre esse social como função da economia e da política, enriquecendo o resgate feito no capítulo anterior, exatamente desses dois períodos, exceções históricas, segundo o autor.

A despeito das particularidades de cada contexto (que identificamos, grosso modo, como de colaboração e de isolamento entre os atores, em 1930 e fins de 1960, respectivamente), ambos têm as ações da área social refletindo a configuração de relações de cada período. Na década de 1930, a promulgação da já citada "cidadania regulada", do estabelecimento de instituições de normatização da filantropia e da partilha de responsabilidade entre os atores, coadunava com a ideia dominante de necessidade de colaboração para a construção nacional, baseada em patriotismo e moral cristã. No final dos anos 1960, o isolamento entre os atores, em razão do endurecimento do regime militar, pulverizou as ações que se combinavam no período focado anteriormente. O fortalecimento da vertente progressista da Igreja Católica e o autoquestionamento dos profissionais do serviço social davam-se ao lado da crescente atuação dos empresários na oferta de serviços de assistência a seus funcionários e de um Estado que concentrava suas ações nas áreas de saúde e educação (enquanto as instituições de regulação, notadamente o CNSS, eram desvirtuadas e apropriadas pelo uso político), afins ao momento de defesa do desenvolvimento, cuja máxima, para o social, se resumia na também conhecida fórmula de fazer o bolo crescer para dividi-lo. Considerando-os como momentos de tentativa de construção de uma economia nacional, no que diz respeito às ações voltadas para a crescente desigualdade social, são dois momentos que parecem representar os dois pontos que diferenciam aqueles assistencialismos, um religioso e outro estratégico: em 1930, a colaboração moralizada e embebida no ideário católico; em fins de 1960, o social estratégico, de educação e treinamento, ambos incorporando a desigualdade. Em síntese, a ideia é de que a parcela pauperizada da população não compõe o espectro das relações sociais, no sentido de incitar um compromisso social que coloca como horizonte o fim da desigualdade.

Esse grupo ocupa posição de desvantagem e, ao ter, portanto, esse lugar, as justificativas para a manutenção dessa configuração surgem como desdobramentos igualmente naturalizados.

Também para Fiori, cuja discussão é mais ampla do que a nossa, a década de 1990 é um momento de inflexão, mas que, entretanto, é o ponto alto de um processo antigo, uma "volta ao seu padrão de inserção internacional do século XIX" (Fiori, 2001, p. 280).[30] E a hipótese da emergência pública do *novo* voluntariado como uma construção, que afirma o mesmo no âmbito das ações e políticas sociais, é compatível também com sua caracterização como uma área-função, que carece de fundamentos positivos, no sentido de afirmação de um estatuto próprio, autônomo e parte de um projeto de sociedade. Nesse sentido é que a afirmação da assistência social como um direito tem sua importância redimensionada, na medida em que é o único contraponto às ideias de um novo momento social e, mais especificamente, de um momento de inauguração de um tipo de sociabilidade que pretende pôr termo às desigualdades sociais presentes no Brasil do fim do século XX. Ou seja, a noção de direito parece oferecer a via pela qual o debate em torno das questões sociais pode escapar à transformação de divergências em resistências resultantes de uma miopia crítica ou apego derrotado ao passado. Além da moralização das discordâncias, já mencionada, a dificuldade implicada na análise dessas disputas está em que a mudança que se apregoa, sempre que se retorna aos debates sobre políticas sociais, Estado ou sociedade, não aparece claramente delimitada como o abandono de um Estado promotor de políticas e ações que busquem garantir condições de igualdade, por um Estado de outro tipo, que atue de maneira a considerar as desigualdades

---

30. Segundo o autor, a história brasileira caracteriza-se por "uma combinação heterodoxa e explosiva de transformações e permanências que marcam a individualidade brasileira com relação a outros casos nacionais de industrialização tardia" (Fiori, 2001, p. 275) e, na sustentação de algumas repetições, está o que ele chama de "pacto conservador" entre classes dominantes, que tem origem "no Brasil agrário e exportador", se perpetua pelo período de modernização e se explicita também quando da análise do período de entrada do país em um programa de ações chamadas neoliberais. A estrutura desse pacto conservador é descrita pelo autor por meio de cinco relações que ele considera fundamentais: Estado e capitais privados/trabalho; Estado e oligarquias regionais; Estado e classe trabalhadora; Estado e nação, Estado e democracia.

sociais como questão que não pertence à esfera de suas ações. De um lado porque o Brasil não desenvolveu plenamente esse tipo de Estado e de outro porque os que eram chamados de neoliberais, pela adoção daquela perspectiva redutora da ação pública, rejeitavam essa denominação. Mais um dado para a visualização do período de emergência do *novo* voluntariado e para a compreensão de seu sucesso. A noção de direito, visto que aparece amparada pela lei, exige, quando de seu descumprimento ou discordância, que se considere sua dimensão pública e não individual. Não significa afirmar que isso aconteça. Aliás, parece possível dizer que o debate raramente se deu nesses termos. Mas a recusa ou esquiva a esse tipo de debate evidencia a lacuna, torna visível o descompasso entre os termos. Lacuna e descompasso que abrem brechas por meio das quais a hipótese apresentada aqui, de construção de um *novo* voluntariado, se tornou viável.

É possível que a questão central seja menos a da emergência, em si, da engenharia que permitiu esse tipo de operação e mais da avaliação das condições que tornaram possível essa emergência. Antes, no entanto, são válidos os esforços de tentar esmiuçar seus meandros. É possível também que a superação de um entendimento sobre as responsabilidades públicas e privadas e a escolha das vontades e capacidades individuais como *locus* do investimento para o cuidado das questões públicas signifique, de maneira mais ampla, como sugere Yazbek (1995), a substituição de uma visão de mundo, não só de um estilo de gestão. A novidade do voluntariado não reside, portanto, nas formas que propõe e constrói, dado que, como já exposto, as articulações que coloca em movimento repetem aquelas bastante tradicionais, próximas às da filantropia que são rejeitadas por ele. A novidade deve estar no fato de que ele ocupa um vazio de perspectivas e vem em socorro da atenuação da descrença nas instituições sociais; descrença essa construída sobre uma experiência negativa de relação entre poder público e sociedade e capitalizada pelo discurso estatal e, de maneira mais específica e pontual, pelos elementos que o compõem, como foi o caso do *novo* trabalho voluntário.

Considerações finais

A hipótese de que a emergência do trabalho voluntário, na segunda metade dos anos 1990, resultou de um processo de elaboração de um discurso que o definia e de relações de colaboração que lhe deram visibilidade exigia que a pesquisa respondesse a duas questões imediatas: qual é esse discurso e quem são os atores que o elaboraram e promoveram. A investigação, portanto, se desenvolveu nestes dois eixos: da identificação dos atores que defenderam e divulgaram a proposta do *novo* voluntariado e da descrição do conteúdo dessa proposta, que se caracterizava fundamentalmente pela afirmação de que com ele nascia uma forma de participação que era o aperfeiçoamento de formas anteriores.

Considerando essa construção como a resposta criada, naquele período, para questões sociais, o terreno deste trabalho definiu-se como sendo o âmbito das ações e discussões destinadas a essas questões, a chamada área social. Neste ponto, duas outras dimensões foram incorporadas à investigação: em primeiro lugar, era preciso considerar que não figuraram entre os colaboradores na promoção do *novo* voluntariado (o governo federal em exercício a partir de 1994 e grupos de empresários) a Igreja e os profissionais da assistência, tradicionalmente envolvidos nas ações e debates da área social. A segunda foi a possibilidade de confrontar, especificamente, o conteúdo da "novidade", reivindicada pelo discurso institucional do *novo* voluntariado, com o que já havia sido feito e dito nessa área, em períodos anteriores.

O registro das relações e ideias colocadas em voga naquele momento particular tem sua importância justificada pelo fato de que a década de

1990 foi marcada por uma série de mudanças e suas consequências, no cenário mundial (como a globalização, o colapso do socialismo soviético ou "das esquerdas") e nacional (como a liberalização da economia, a transformação da estrutura estatal). Nesse contexto, muitas ideias sobre atitudes e comportamentos da sociedade foram apontadas como parte dessas transformações, apresentadas como novas, no sentido do ineditismo, como signos de um momento de renovação. Muitas dessas ideias e atitudes ditas novas vêm permanecendo no cenário público com esse aspecto, mantendo os termos que assumiram quando de seu surgimento. A referência aqui é ao *novo* voluntariado, mas também a noções e espaços que destacaram expressões como terceiro setor, responsabilidade social das empresas ou a atuação das organizações não governamentais. Por isso pareceu importante esmiuçar esse surgimento em termos de construção. Não se tratava de desfazer a argumentação de determinados atores daquele contexto (embora isso possa ter sido feito, no decorrer da discussão), mas de, por meio da elucidação dos elementos que o compunham, estabelecer a conexão com o ambiente de disputas mais amplo que aquele em torno das proposições do *novo* voluntariado, e identificar ideias de Estado, política ou direitos sociais que estavam em jogo.

Nesse sentido, o desenvolvimento da pesquisa permite afirmar de maneira mais clara e segura que o surgimento do *novo* voluntariado fez parte de um cenário em que concepções dessa natureza estavam em confronto e que, mais, ele surgiu com grandes afinidades com uma delas, característica que sempre foi negada: o *novo* voluntariado foi um convite de participação feito por instituições ligadas ao governo federal daquele momento e em termos que reproduziram ideias pertencentes à orientação política daquele governo, embora essas instituições tenham se empenhado em recusar essa identificação. Essa estratégia certamente está entre os motivos pelos quais o *novo* voluntariado causou empatia nos indivíduos a quem ele se dirigiu: a possibilidade de uma ação independente de concepções ideológicas ou de proximidade com a política institucional a que o próprio discurso do *novo* voluntariado criticava.

Vamos recuperar algumas afirmações relevantes que estão presentes no texto, embora não na ordem em que aparecem nele. Elas podem ser organizadas a partir de três pontos: 1) as condições e características do processo de construção do *novo* voluntariado que foram importantes para a visibilidade que alcançou; 2) questões que a emergência de uma proposta nos moldes do *novo* voluntariado pode colocar para o âmbito dos debates e ações voltados para os problemas sociais e 3) concepções acerca do Estado e seu papel, colocadas em movimento.

No que diz respeito à emergência e permanência do *novo* voluntariado, no cenário público, o primeiro fator que pareceu determinante foi sua apresentação como resultado de movimentação espontânea dos indivíduos, amadurecimento de suas formas de ver e pensar a sociedade, bem como do que avaliavam como mais adequado para interferir em seu rumo. Com isso, não negamos que tenha havido verdadeira adesão à proposta do trabalho voluntário, nem que os indivíduos tenham sido ingenuamente engolidos por uma proposta maquiavélica de cooptação. O que, entretanto, caracteriza o discurso institucional do *novo* voluntariado é que ele recorre àquela antiga imagem da espontaneidade brasileira de doação e de propensão à solidariedade, distanciando-se, assim, de formas apresentadas como negativas, de interferência na realidade: as ações que reivindicam sem produzir nada, que interpelam as instituições públicas sem colaborar com elas, que esperam do Estado sem propor alternativas próprias. Ao definir o crescimento do *novo* voluntariado como resultado do desejo de participação dos indivíduos, o discurso institucional produziu dois efeitos que lhe conferiram força: de um lado colocou como sua fonte de legitimidade a virtude da sociedade; de outro, negou que a divulgação do trabalho voluntário fizesse parte de um conjunto de ações e proposições que caracterizavam uma política de governo.

Esses aspectos possuem desdobramentos importantes, que também colaboram para o fortalecimento do *novo* voluntariado, agora em relação ao tratamento das críticas que foram dirigidas a ele. Ao legitimar a proposta do *novo* voluntariado com a afirmação do amadurecimento e tomada de consciência da sociedade civil, os questionamentos à possibilidade de ele atingir a transformação social que pretendia eram convertidos em questionamento à disponibilidade dos indivíduos que queriam participar. O trabalho voluntário, então, não era discutido em termos de sua adequação ou significação para o entendimento e decisões públicos acerca dos problemas sociais. A crítica a ele era apenas respondida por meio da defesa do direito individual de participação social. Por outro lado, ao desatrelar a divulgação do *novo* voluntariado de uma intencionalidade ou estratégia de governo, o discurso institucional levava a que ele e as instituições que o promoveram fossem vistas como alheias a disputas entre concepções divergentes sobre a sociedade e seus problemas, o Estado e seu papel, a sociedade e suas formas de participação. Isto é, além de as divergências serem tomadas como críticas a um esforço para a melhoria da sociedade, eram relacionadas a um significado pejorativo de apego a particularismos originados na negativa política institucional e partidária.

Outro aspecto que contribuiu para o êxito do *novo* voluntariado em termos de permanência no cenário público foi a alegação de que ele constituía um tipo de participação diferente de outras formas, renovado e aperfeiçoado em relação a ações filantrópicas, inovador e distinto de ações políticas de reivindicação. Nesse sentido, a construção se beneficiou de argumentos que eram observáveis na realidade e de relações estratégicas para consolidar o que apresentava como conteúdo dessa novidade. O que chamamos de argumentos observáveis são aqueles que invocavam a corrupção dos partidos políticos ou no âmbito estatal, persistência dos problemas sociais de pobreza, desemprego e violência como indicativo da incapacidade estatal e funcionamento deficiente das instituições destinadas ao tratamento das populações pauperizadas. As razões que levavam a esse quadro eram, afirmava o discurso institucional, a falência do Estado e a inefetividade de ações sociais de moldes anteriores. Sobre a insistência na figura do Estado falido nos deteremos mais adiante. No que diz respeito às relações estratégicas para a construção desse *novo* voluntariado, chegamos a dois pontos: um diz respeito à configuração das relações, na área social, incidindo sobre a formulação de concepções específicas em seu interior e o outro diz respeito ao *novo* voluntariado como resposta construída, na mesma esfera, para os problemas enfrentados pela sociedade.

Sobre as relações estratégicas, reforça a hipótese da construção a observação da conexão existente entre o grau de proximidade entre os atores, a partir do apoio ou resistência ao *novo* voluntariado, e a partilha, entre eles, de termos específicos usados por cada um. Estado-empresariado, Estado-Igreja Católica e Estado-profissionais do Serviço Social são pares que, em conjunto, formam uma escala que vai da colaboração e partilha de termos à oposição e uso de conceitos incompatíveis entre si. A colaboração entre Estado e empresariado deu origem a expressões como *voluntário profissional* ou *cidadania empresarial* e o emprego de concepções sobre competitividade entre organizações sociais ou eficiência e resultados do trabalho voluntário. No caso da Igreja Católica, a rejeição, pelo discurso institucional do *novo* voluntariado, de formas de ação que descrevem os movimentos sociais como velhos, interpeladores ou que "esperam do Estado" fez com que essa vertente de atuação da Igreja fosse desconsiderada. O reconhecimento, entretanto, de ações de auxílio e doação como o passado em relação ao qual o *novo* voluntariado representa aperfeiçoamento, permitiu o uso comum de alguns termos (doação, solidariedade, união e desprendimento), embora com o sentido revestido por noções de cidadania, ação consciente e, no limite, até militância política. No caso dos profissionais do Serviço Social, a trajetória que os levou a atuarem e se formarem na direção do estabelecimento da assistência como uma área cujos serviços sejam garantidos pelo poder estatal e regulados por instâncias e políticas públicas específicas colocou esses profissionais em posição antagônica à proposta do *novo* voluntariado. Por isso não houve termos em comum e as ideias são, em última instância, incompatíveis entre si.

O segundo ponto que decorre da análise das relações estratégicas coincide com um dos pontos que abrem novo leque de questões acerca da construção do *novo* voluntariado: o entendimento dessa construção como resposta produzida, na área social, para a compreensão e enfrentamento dos problemas sociais. Nesse ponto, a retomada de períodos anteriores permitiu apreender continuidades e descontinuidades no contexto de emergência do *novo* voluntariado em relação a eles, o que coloca o questionamento dessa novidade sobre outras bases. Foi possível perceber o quanto a área social carece de fundamentos próprios. Ou seja, em sua origem, ela não fazia parte de um projeto de sociedade igualitária, nascendo sob o signo de seu uso estratégico e consideração marginal, residual, qualidade que se observa até hoje e que a deixa, qualidade também permanente, vulnerável aos confrontos e resoluções que funcionam em outras esferas sociais. Pudemos caracterizar dois períodos históricos anteriores, 1930 e 1960, no tocante às relações que os atores focalizados aqui estabeleciam entre si e a incidência delas sobre a área social como: nos anos de 1930, colaboração, e nos anos de 1960, isolamento entre eles. A colaboração envolta na retórica da construção da nação moralizou a questão social, fortaleceu a Igreja Católica na vertente filantrópica, deu origem ao Serviço Social como campo profissional e convocou empresários para a assistência aos trabalhadores de suas fábricas. No fim dos anos 1960, o isolamento entre os atores fez com que cada um desenvolvesse as ações de forma pulverizada e à sua maneira, levando à frente a cisão da área: de um lado, a ação filantrópica, no sentido de seu caráter pontual e livre de qualquer regulação acima das decisões particulares (os profissionais do Serviço Social renovam as bases de sua formação e atuação profissional, a Igreja desenvolve sua vertente de atuação progressista, empresários esboçam iniciativas de unidade das ações que realizam, ainda, apenas para seus funcionários) e de outro, a ação do Estado que, acentuando a defesa da segurança e da disciplina, desenvolveu ações na área da saúde e da educação, acenando com a bandeira do desenvolvimento do país.

Os anos 1990 caracterizam-se pela figuração intermediária no que se refere às relações estabelecidas entre Estado, Igreja, profissionais da assistência e empresariado. Se 1930 e 1960 foram caracterizados pela colaboração e ruptura, respectivamente, entre os atores considerados, os anos 1990 apresentam aproximação e afastamento coexistindo no mesmo campo de ações. Essa percepção jogou luz sobre o aspecto estratégico das relações estabelecidas para a divulgação do ideário do *novo* voluntariado. No que se refere às influências destas relações sobre o funcionamento da área social, a retomada daqueles períodos permitiu perceber que o discurso institucional do *novo* voluntariado apresentou, como novos, tônicas e padrões de relações que já haviam se estabelecido anteriormente. Tônicas como as da necessidade de colaboração entre os atores ou do desenvolvimentismo, as características de cisão da área social (entre ações filantrópicas e as reguladas pelo Estado) e de seu uso estratégico, pelo poder público e o formato de convênio entre Estado e organizações sociais ou as ações de assistência por empresários, que aparecem reconfiguradas pelas noções atualizadas de *parceria* ou *responsabilidade social das empresas*.

É necessário esclarecer que ao dizermos que o discurso dos anos 1990 reedita padrões já existentes, em momentos passados, não afirmamos que não haja diferenças entre os períodos e seus elementos contextuais. O que se questiona é o caráter de ineditismo atribuído a essas "novidades" de meados de 1990. Este trabalho tende a concluir que trata-se menos de emergência de relações e ideias que inauguram uma nova fase histórica para a área social e mais de reformulação de padrões já conhecidos. Daí a importância de considerar, ao lado da construção do *novo*, o contexto em que ela se deu e as condições que facilitaram sua disseminação.

O que parece importante, sobre o cenário de emergência do *novo* voluntariado, é o silêncio em relação à garantia de direitos sociais. A ênfase no agir imediato, sem referência a quaisquer tipos de regulação pública, e a crítica à organização coletiva de reivindicação como meio de intervenção nos rumos da sociedade, pela população, sugerem o abandono da busca por direitos. Esse objetivo transformou-se em sinônimo de ausência de resultados, falta de iniciativa, de "espera de braços cruzados pelo Estado". Sinal da possibilidade de fortalecimento desse tipo de concepção é o destaque que vem sendo dado ao tema da eficiência. A comparação entre as menções feitas, pelo discurso institucional e pelos voluntários entrevistados, aos resultados da ação voluntária evidenciou a distância entre o que aquele afirma sobre o *novo* voluntariado e a ação individual sobre a qual esse discurso se sobrepunha. Elemento do discurso definidor desse *novo* voluntariado, a importância da eficiência da atividade do voluntário também possui grande identificação com a igualmente destacada ineficiência do Estado; esse o terceiro ponto que organiza nossas últimas considerações.

A insistência na afirmação da falência do Estado era adequada ao discurso do *novo* voluntariado por várias razões. O Estado falido estava na base da afirmação da importância do *novo* voluntariado e de todas as outras formas de participação social que emergiam ou se fortaleciam naquele momento, como a das ONGs, das fundações empresariais, do terceiro setor. A falência do Estado e a importância da participação da sociedade somavam-se originando a imagem da *parceria*. Nos termos do discurso oficial, a sociedade civil era mais experiente, sábia e eficiente na resolução dos problemas sociais do que o Estado. A "ajuda" a ele, pelas organizações, era complementada, finalmente, pela competência gerencial das organizações empresariais, tidas como eficientes por natureza e definição. Se a afirmação da falência estatal, pelos próprios representantes do Estado, poderia ser vista como uma espécie de confissão, conferindo-lhe credibilidade e dramaticidade, por outro lado, o distanciamento produzido por suas instituições, Programa Comunidade Solidária e Programa Voluntários, ofuscava a afinidade entre essa confissão e uma das posições possíveis na discussão que se travava a respeito do que deveria ser atribuição do Estado. No caso, era alinhada à defesa de um chamado enxugamento da máquina estatal e de suas funções, defesa feita pelo governo federal.

É provável que ainda que essa afinidade fosse trazida para o debate, ela acabasse rejeitada pelas vias da discussão moralizada, tal como afirmamos há pouco, sendo considerada como crítica destrutiva em nome de uma politização ultrapassada. O que se colocava em xeque, portanto, era uma concepção de Estado e, mais, havia outra sendo apresentada com insistência. Entretanto, essa face de disputa era envolvida pelos engenhos do discurso institucional. Outro sinal do êxito da construção do *novo* voluntariado foi a possibilidade de coexistência entre duas imagens acerca do Estado: aquela da incompetência na área social e a da competência absoluta no terreno da administração da economia.

Existiu e existe um contexto propício para que essas ideias tenham ganho e venham mantendo a força que apresentaram e que conservam. A desistência de buscas por caminhos que garantam a equidade e a justiça social, a naturalização das desigualdades e aceitação dos argumentos de uma ação localizada e residual, sob pena de não haver, então, resultado algum para os desassistidos, são características desse contexto. Essas pareceram ser partes de um cenário novo e não necessariamente o que o discurso institucional afirmou sê-lo. A sociedade dos anos 1990 produziu um tipo de resposta a seus problemas que, atribuída ao espontaneísmo dos indivíduos somados, faz parte de uma concepção de Estado que não o julga responsável pela resolução desses problemas. A imagem da *refilantropização da questão social* é frequentemente invocada para caracterizar o surgimento dessas ideias na área social. Sua origem parece estar na comparação de noções semelhantes às do *novo* voluntariado com aquelas que circulavam no público da década precedente, 1980, de ebulição dos movimentos sociais. Fazendo trajeto distinto, este texto sugere, como possibilidade para o aprofundamento dessa discussão, a imagem da *modernização da filantropia*. Em primeiro lugar porque ao propor a resolução contingente, residual e dependente do arbítrio individual, a filantropia pode, de fato, ser convocada como elemento definidor. Por outro lado, entretanto, parece não se tratar de puro retrocesso, mas de um avanço característico de nossa sociedade: aquele tipo que mescla continuidades e descontinuidades. O avanço do tratamento filantrópico (que atropelou a outra porção da dubiedade da esfera social, aquela das garantias legais) incorporou em seu modo de operar a tônica gestionária do fim do século XX. Tônica que remete à eficiência, que se liga ao argumento da falência estatal, que leva à defesa do protagonismo dos indivíduos, num círculo de argumentos coerentes e que se esforçou em eliminar arestas e incongruências. O desaparecimento dessas arestas e incongruências produz e é produto da unidade estratégica do discurso de construção do *novo* e do aparente consenso que se criou ao seu redor. Com isso queremos dizer que há críticas e discordâncias, ainda que desapareçam ou sejam desqualificadas. Outro motivo pelo qual a construção desse discurso pareceu merecer atenção: entender aquele contexto e preparar o entendimento futuro do que ainda está em curso.

Referências bibliográficas

Bibliografia citada

ALVES, Márcio Moreira. *A Igreja e a política no Brasil*. São Paulo: Brasiliense, 1979.

ARAÚJO, Marlson Assis de. *A dimensão política da missão evangelizadora da Conferência Nacional dos Bispos do Brasil (CNBB) — a participação política da CNBB na transformação da sociedade*. Dissertação de mestrado defendida na Pontifícia Universidade Católica. São Paulo, 2004.

ARENDT, Hannah. *A condição humana*. São Paulo: Forense Universitária, 2001.

_____. *Homens em tempos sombrios*. São Paulo: Companhia das Letras, 1999.

BALTAR, Ronaldo. *Empresariado, transição e o papel do Estado na ordem econômica e social*. Tese de doutorado defendida na Faculdade de Filosofia, Letras e Ciências Humanas da Universidade de São Paulo. São Paulo, 1996.

BELCK, Andréas Ricardo. *Desempenho de Organizações da Sociedade Civil*: análise da relação entre práticas gerenciais e desempenho organizacional. Dissertação de mestrado defendida na Faculdade de Economia e Administração da Universidade de São Paulo. São Paulo, 2004.

BEOZZO, José Oscar. *Padres conciliares brasileiros no Vaticano II*: participação e prosopografia, 1959-1965. Tese de doutorado defendida na Faculdade de Filosofia, Letras e Ciências Humanas da Universidade de São Paulo. São Paulo, 2001.

BOCCHI, Carmen Priscila. *O movimento "Pela ética na política" e as mobilizações pró-impeachment*: elementos para a análise da sociedade civil no Brasil contemporâneo. Dissertação de mestrado defendida na Faculdade de Filosofia, Letras e Ciências Humanas da Universidade de São Paulo. São Paulo, 1996.

BOTTOMORE, T. B. *As elites e a sociedade*. Rio de Janeiro: Zahar, 1965.

BRESSER PEREIRA, Luiz Carlos. *Empresários e administradores no Brasil*. São Paulo: Brasiliense, 1974.

_____. *Reforma do Estado para a cidadania — A reforma gerencial brasileira na perspectiva internacional*. São Paulo/Brasília: Ed. 34/ENAP, 1998.

_____; SPINK, Peter (orgs.). *Reforma do Estado e administração pública gerencial*. Rio de Janeiro: Fundação Getúlio Vargas, 1999.

CARDOSO, Ruth. Fortalecimento da sociedade civil. In: YOSCHPE, Evelyn. *Terceiro Setor*: desenvolvimento social sustentado. São Paulo: Paz e Terra, 2000.

_____ et al. *Comunidade Solidária — Fortalecendo a sociedade, promovendo o desenvolvimento*. Rio de Janeiro: Ed. Comunitas, 2002.

CARVALHO, José Murilo de. *Os bestializados*. São Paulo: Companhia das Letras, 2002.

CASTEL, Robert. *As metamorfoses da questão social — Uma crônica do salário*. Rio de Janeiro: Vozes, 2001.

CEPÊDA, Vera Alves. *Roberto Simonsen e a formação da ideologia industrial no Brasil*. Tese de doutorado defendida na Faculdade de Filosofia, Letras e Ciências Humanas da Universidade de São Paulo. São Paulo, 2003.

CHAUI, Marilena. Ideologia neoliberal e universidade. In: OLIVEIRA, Francisco; PAOLI, Maria Célia. *Os sentidos da democracia, políticas do dissenso e hegemonia global*. Rio de Janeiro: Fapesp/Vozes, 1999.

COELHO, Simone de Castro Tavares. *Terceiro Setor*: um estudo comparado entre Brasil e Estados Unidos. Tese de doutorado defendida no Departamento de Ciência Política da Faculdade de Filosofia, Letras e Ciências Humanas da Universidade de São Paulo. São Paulo, 1998.

_____. *Terceiro Setor*: um estudo comparado entre Brasil e Estados Unidos. São Paulo: Ed. SENAC, 2000.

COSTA, Sérgio. Categoria analítica ou passe-partout político-normativo: notas bibliográficas sobre o conceito de sociedade civil. In: *BIB — Revista Brasileira de Informação Bibliográfica em Ciências Sociais*. Rio de Janeiro: Relume-Dumará/ Anpocs, n. 43, 1997.

DINIZ, Eli. Neoliberalismo e corporativismo: as duas faces do capitalismo industrial no Brasil. In: *Revista Brasileira de Ciências Sociais*, ano 7, n. 20, 1992.

_____; BOSCHI, Renato. *Empresários, interesses e mercados* — Dilemas do desenvolvimento no Brasil. Belo Horizonte/Rio de Janeiro: Editora UFMG/IUPERJ, 2004.

DOIMO, Ana Maria. *A vez e a voz do popular. Movimentos sociais e participação política no Brasil pós-70*. Rio de Janeiro: Relume-Dumará, 1995.

DONZELOT, Jacques. *A polícia das famílias*. Rio de Janeiro: Graal, 1980.

EWALD, Frainçois. *Foucault* — A norma e do direito. Lisboa: Veja, 2000.

FALCONER, Andrés Pablo. *A promessa do Terceiro Setor*: um estudo sobre a construção do papel das organizações sem fins lucrativos e do seu campo de gestão. Dissertação de mestrado defendida na Faculdade de Economia e Administração da Universidade de São Paulo. São Paulo, 1999.

FEITOSA, Sara; SILVA, Jacqueline Oliveira. Ação social voluntária: motivação e evasão. *Cadernos CEDOPE — Instituto Humanitas da Universidade do Vale do Rio dos Sinos*. Série Movimentos Sociais e Cultura, ano 13, n. 19, 2002.

FERNANDES, Florestan. *O processo constituinte*. Brasília: Câmara dos Deputados/ Centro de Documentação e Informação, 1988.

FERNANDES, Rubem César. *Privado, porém público*: o Terceiro Setor na América Latina. Rio de Janeiro: Relume-Dumará, 1994.

_____. O que é o Terceiro Setor? In: YOSCHPE, Evelyn. *Terceiro Setor*: desenvolvimento social sustentado. São Paulo: Paz e Terra, 2000.

FIORI, José Luis. Para um diagnóstico da "modernização" brasileira. In: FIORI, José Luís; MEDEIROS, Carlos. *Polarização mundial e crescimento*. São Paulo: Vozes, 2001.

GARRISON, John W. *Do confronto à colaboração*: relações entre a sociedade civil, o governo e o Banco Mundial. Brasília: Banco Mundial, 2000.

GOHN, Maria da Glória. *Teoria dos movimentos sociais*: paradigmas clássicos e contemporâneos. São Paulo: Loyola, 1997.

GOHN, Maria da Glória. *História dos movimentos e lutas sociais*. São Paulo: Loyola, 1995.

GOMES, Ana Lígia. A nova regulamentação da filantropia e o marco do terceiro setor. *Serviço Social & Sociedade*, ano XX, n. 61, nov. 1999.

GOMES, Ângela Maria de Castro. *Burguesia e trabalho*: política e legislação social no Brasil, 1917-1937. Rio de Janeiro: Ed. Campus, 1979.

GUIMARÃES, Simone de Jesus. *Serviço Social e Igreja Católica no Brasil pós-ditadura*. Tese de doutorado defendida na Faculdade de Serviço Social da Pontifícia Universidade Católica. São Paulo, 1998.

HASTREITER, Silvana. *Voluntariado — resultados da pesquisa sobre trabalho voluntário*. Pró-Reitoria de Promoção Humana da Universidade Tuiuti do Paraná — Prohumana e Marknet. Núcleo de Estudos de Mercado e Pesquisa de Opinião, Curitiba, 2004.

IAMAMOTO, Marilda Villela. *Legitimidade e crise do serviço social — um ensaio de interpretação sociológica da profissão*. Dissertação de mestrado defendida à Escola Superior de Agricultura Luiz de Queiroz, Universidade de São Paulo. Piracicaba, 1982.

_____; CARVALHO, Raul de. *Relações sociais e Serviço Social no Brasil — esboço de uma interpretação histórico-metodológica*. São Paulo: Cortez/CELATS, 1982.

IOSCHPE, Evelyn. *Terceiro Setor*: desenvolvimento social sustentado. São Paulo: Paz e Terra, 2000.

LANDIM, Leilah (org.). *Ações em sociedade — Militância, caridade, assistência etc*. Rio de Janeiro: NAU/ISER, 1998.

_____. *A invenção das ONGs — Do serviço invisível à profissão impossível*. Tese de doutorado defendida no Programa de Pós-Graduação em Antropologia Social do Museu Nacional e da Universidade Federal do Rio de Janeiro. Rio de Janeiro, 1993a.

_____. *Para além do mercado e do estado? filantropia e cidadania no Brasil*. Rio de Janeiro: ISER, 1993b.

_____; SCALON, Maria Celi. *Doações e trabalho voluntário no Brasil, uma pesquisa*. Rio de Janeiro: Sete Letras, 2000.

LIMA, Paulo Rogério dos Santos. *Responsabilidade social*: a experiência do selo empresa cidadã na cidade de São Paulo. Dissertação de mestrado defendida na

Faculdade de Economia e Administração da Pontifícia Universidade Católica de São Paulo. São Paulo, 2001.

LIPOVESTSKY, Gilles. *A sociedade pós-moralista — O crepúsculo do dever e a ética indolor dos novos tempos democráticos*. São Paulo: Manole, 2005.

MARCHI, Euclides. *Igreja e a questão social*: o discurso e a práxis do catolicismo no Brasil (1850-1915). Tese de doutorado defendida no departamento de História da Faculdade de Filosofia, Letras e Ciências Humanas da Universidade de São Paulo. São Paulo, 1999.

MEDEIROS, Alessandra. *Voluntariado — revisitando antigas práticas*: a concepção do voluntariado sobre sua ação. Dissertação de mestrado defendida na Faculdade de Serviço Social da Pontifícia Universidade Católica de São Paulo. São Paulo, 2002.

MEIRELLES, Hely Lopes. *Direito Administrativo Brasileiro*. São Paulo: PC Editorial, 1990.

MESTRINER, Maria Luiza. *A proteção social das organizações sem fins lucrativos — a regulação estatal da filantropia e da assistência social no Estado brasileiro*. Tese de doutorado defendida na Faculdade de Serviço Social da Pontifícia Universidade Católica de São Paulo. São Paulo, 2000.

MILLS, Wright. *A elite do poder*. Rio de Janeiro: Zahar Editores, 1968.

MONTAÑO, Carlos. *Terceiro Setor e a questão social*: crítica ao padrão emergente de intervenção social. São Paulo: Cortez, 2002.

NAIM, Moisés. O Consenso de Washington ou a confusão de Washington? *Revista Brasileira de Comércio Exterior*. Rio de Janeiro, 2000.

NETTO, José Paulo. *Ditadura e Serviço Social — Uma análise do Serviço Social no Brasil pós-64*. São Paulo: Cortez, 2001.

NOVAES, Regina. Juventude e ação social no Rio de Janeiro. In: LANDIM, Leilah. *Ações em sociedade*: militância, caridade, assistência etc. Rio de Janeiro: NAU/ISER, 1998.

OLIVEIRA, Francisco. Privatização do público, destituição da fala e anulação da política: o totalitarismo neoliberal. In: OLIVEIRA, Francisco; PAOLI, Maria Célia. *Os sentidos da democracia, políticas do dissenso e hegemonia global*. Rio de Janeiro: Fapesp/Vozes, 1999.

OLIVEIRA, Francisco. A vanguarda do atraso e o atraso da vanguarda. In: OLIVEIRA, Francisco. *Os direitos do antivalor. A economia política da hegemonia imperfeita,* Petrópolis: Vozes, 1998.

OLIVEIRA, Walter. *Evolução da doutrina social da Igreja*: histórico do pensamento dos papas e dos bispos do Brasil de Leão XIII a Pio XII em relação à questão social, ao capitalismo e ao socialismo. Dissertação de mestrado defendida no Departamento de História da Faculdade de Filosofia, Letras e Ciências Humanas da Universidade de São Paulo. São Paulo, 2001.

PELIANO, Ana Maria T. Medeiros (coord.). *Bondade ou interesse — Como e porque as empresas atuam na área social.* Brasília: IPEA, 2001.

PERES, Thais Helena Alcântara. *Programa comunidade solidária*: ensaio para uma nova ordem política. Dissertação de mestrado defendida na Faculdade de Filosofia, Letras e Ciências Humanas da Universidade de São Paulo. São Paulo, 2003.

PEREZ, Clotilde; JUNQUEIRA, Luciano Prates. *Voluntariado e gestão das políticas sociais.* São Paulo: Futura, 2002.

PRADO, Ney. *Razões das virtudes e vícios da Constituição de 1988 — Subsídios à revisão constitucional.* São Paulo: Instituto Liberal/ Editora Inconfidentes, 1994.

PRALON, Eliana Marcondes. *A cidadania invisível. Uma análise das tendências políticas de assistência social pública nos anos 90.* Dissertação de mestrado apresentada à Faculdade de Filosofia, Letras e Ciências Humanas, Universidade de São Paulo, 1999.

RAFAEL, Edson José. *Terceiro Setor — Fundações e direito.* São Paulo: Companhia Melhoramentos, 1997.

RAICHELIS, Raquel. *Esfera pública e conselhos da Assistência Social — Caminhos da construção democrática.* São Paulo: Cortez, 1998.

RANCIÈRE, Jacques. O dissenso. In: NOVAES, Adauto. *Crise da razão.* São Paulo: Companhia das Letras, 1999.

RESENDE, Luis Fernando de Lara. *Comunidade Solidária*: uma alternativa aos fundos sociais. Brasília: IPEA, 2000.

ROSANVALLON, Pierre. *A crise do Estado-providência.* Goiânia/Brasília: Editora da UFG/Ed. UnB, 1997.

RUSSEL-WOOD, A. J. R. *A Santa Casa de Misericórdia da Bahia, 1550-1755*. Brasília: Ed. UnB, 1981.

SADER, Eder. *Quando novos personagens entraram em cena — Experiências e lutas dos trabalhadores da Grande São Paulo, 1970-1980*. Rio de Janeiro: Paz e Terra, 1995.

SALAMON, Lester. Estratégias para o fortalecimento do terceiro setor. In: YOSCHPE, Evelyn. *Terceiro Setor*: desenvolvimento social sustentado. São Paulo: Paz e Terra, 2000.

SALLUM, Brasílio. O Brasil sob Cardoso — neoliberalismo e desenvolvimentismo. In: Tempo Social — Dossiê FHC, 1º mandato. *Revista de Sociologia da USP*, v. 11, n. 2, 2000.

_____; COHN, Amélia. *Visões da transição — elementos para a análise da trajetória política no Brasil de 1988 a 1998*. São Paulo: Centro de Estudos de Cultura Contemporânea/FAPESP/Fundação Ford, s/d. (CD-ROM).

SANTOS, Amaury; LAMOUNIER, Bolívar (orgs.). *As elites brasileiras e a modernização do setor público*: um debate. São Paulo/Rio de Janeiro: Editora Sumaré/IDESP/Fundação Ford, 1992.

SANTOS, Wanderley Guilherme dos. *Cidadania e justiça — A política social na ordem brasileira*. Rio de Janeiro: Campus, 1979.

_____. *Razões da desordem*. Rio de Janeiro: Rocco, 1993.

SCHINDLER, Anamaria. *O Estado e o social*: o papel das instituições de assistência social em São Paulo, 1880-1910. Dissertação de mestrado apresentada à Faculdade de Filosofia, Letras e Ciências Humanas da Universidade de São Paulo. São Paulo, 1992.

SILVA, Maria Ozanira da Silva et al. Comunidade Solidária: contradições e debilidades do discurso, in: SILVA, Maria Ozanira da Silva (coord.). *O Comunidade Solidária*: o não-enfrentamento da pobreza no Brasil. São Paulo: Cortez, 2001.

SPOSATI, Aldaíza. A assistência social e a trivialização dos padrões de reprodução social. In: SPOSATI, Aldaíza et al. *Os direitos (dos desassistidos) sociais*. São Paulo: Cortez, 1989.

_____; FALCÃO, Maria do Carmo. *LBA — Identidade e efetividade das ações no enfrentamento da pobreza brasileira*. São Paulo: EDUC, 1989.

SZAZI, Eduardo. *Terceiro Setor — Regulação no Brasil*. São Paulo: Peirópolis, 2003.

TELLES, Vera da Silva. A nova questão social brasileira. *Praga: Estudos Marxistas*, São Paulo, n. 6, 1998.

_____; PAOLI, Maria Célia. Direitos sociais, conflitos e negociação no Brasil contemporâneo. In: ALVAREZ, Sônia E.; DAGNINO, Evelina; ESCOBAR, Arturo (orgs.). *Cultura e política nos movimentos sociais latino-americanos*: novas leituras, Belo Horizonte: Ed. UFMG, 2000.

TORRES, Irailcies Caldes. *As primeiras-damas e a assistência social — Relações de gênero e poder*. São Paulo: Cortez, 2002.

VIANNA, Luiz Werneck. *Liberalismo e sindicato no Brasil*. Rio de Janeiro: Paz e Terra, 1978.

WEBER, Max. *Economia e sociedade*: fundamentos da sociologia compreensiva. Brasília: Ed. UnB, 1999. v. 2.

WILLIAMSON, John; KUCZYNSKI, Pedro-Paulo (orgs.). *Depois do Consenso de Washington — Retomando o crescimento e a reforma na América Latina*. São Paulo: Saraiva, 2004.

YAZBEK, Maria Carmelita. Assistência Social: direito do cidadão, dever do Estado, conferência magna, in: *Anais da I Conferência Nacional de Assistência Social*, Ministério da Previdência e Assistência Social/Conselho Nacional de Assistência Social, 1995.

_____. Voluntariado e profissionalidade na intervenção social. In: *Intervenção Social* — Actas do Seminário "Info-exclusão e novas tecnologias — desafios para as políticas sociais e para o serviço social". Lisboa, 2002.

Pesquisas

As fundações privadas e associações sem fins lucrativos no Brasil — IBGE, IPEA, GIFE, ABONG, 2002.

Como as empresas podem implementar programas de voluntariado — Instituto Ethos de Empresas e Responsabilidade Social e Programas Voluntários, abril, 2001.

Estudo preliminar: Perfil do trabalho voluntário nos equipamentos conveniados da FABES/SURBES — Butantã/Pinheiros. Secretaria Municipal da Família e Bem-Estar Social de São Paulo, 1996.

Global Civil Society, an Overview — The John Hopkins Comparative Nonprofit Sector Project. The John Hopkins University, Institute for Policy Studies, Center for Civil Society Studies, 2003.

Iniciativa privada e o espírito público, um retrato da ação social das empresas do sudeste brasileiro — IPEA, março, 2000.

Responsabilidade social e o consumidor brasileiro — Instituto Ethos de Empresas e Responsabilidade Social, outubro, 2001.

Voluntariado empresarial — estratégias e empresas no Brasil — CEATS/USP, CIEE, GIFE, SENAC, Programa voluntários, março, 2000.

Publicações

Agitação — Publicação do CIEE Nacional, ano VII, n. 37, jan./fev. 2001.

Carta de Educação Comunitária — Publicação bimestral do Centro de Educação Comunitária para o Trabalho do SENAC/SP, ano V, n. 30, fev./mar. 2001.

Carta de Educação Comunitária — Publicação bimestral do Centro de Educação Comunitária para o Trabalho do SENAC/SP, ano VI, n. 31, maio/jun. 2001.

Carta de Educação Comunitária — Publicação bimestral do Centro de Educação Comunitária para o Trabalho do SENAC/SP, ano VI, n. 33, set./out. 2001.

Informativo Agir — Programa Voluntários do Comunidade Solidária, n. 7, out./nov. 1998.

Jornal da Amencar — Publicação mensal da Associação de Apoio à Criança e ao Adolescente, julho, 2001.

UNEWS Brasil — Uma revista do sistema das nações unidas, ano I, n. 3, jan./mar. 2001.

Documentos institucionais

Anais da I Conferência Nacional de Assistência Social — Ministério da Previdência e Assistência Social/Conselho Nacional de Assistência Social, 1995.

Documento do Voluntariado Social de São Paulo — Fundo de Assistência Social do Palácio do Governo, 1978.

Curso Básico de Gerenciamento de Voluntários — Centro de Voluntariado de São Paulo, março, 2000.

Guia Básico para Seleção de Voluntários — Centro de Voluntariado de São Paulo, novembro, 1998.

Voluntariado, Palestra Informativa, Primeiros Passos na Direção de um Trabalho Voluntário Construtivo, Desafiante e Agradável — Centro de Voluntariado de São Paulo, novembro, 1997.

Voluntários: Programa de Estímulo ao Trabalho Voluntário no Brasil — Fundação Abrinq pelos Direitos da Criança, 1996.

Relatório de Atividades 1997/2000 — Centro de Voluntariado de São Paulo.

Jornais e revistas

O Estado de S.Paulo, Painel de Negócios, 22/5/2001

Folha de S.Paulo, 28/12/1994, 1-8

Folha de S.Paulo, 4/2/1995, 1-5

Folha de S.Paulo, 20/2/1995, 1-6

Folha de S.Paulo, 17/9/1995, 1-4

Folha de S.Paulo, 27/9/1995, 1-12

Folha de S.Paulo, 28/9/1995, 1-6

Folha de S.Paulo, 4/10/1995, 1-6

Folha de S.Paulo, 13/10/1995, 1-10

Folha de S.Paulo, 1/11/1995, 1-5

Folha de S.Paulo, 30/11/1995, 1-15

Folha de S.Paulo, 18/8/99, Folha Trainee, Profissão: Solidário

Folha de S.Paulo, 4/3/2001, 3-7

Folha de S.Paulo, 13/5/2001, 3-10

Folha de S.Paulo, 5/8/2001, Caderno de Empregos, p. 7

Folha de S.Paulo, 16/9/2001, Caderno Especial Estágios e Trainees, p. 2, 4, 5

Folha de S.Paulo, 28/10/2001, Caderno Especial Voluntariado

Folha de S.Paulo, 10/4/2005, Caderno de Empregos

Folha de S.Paulo, 6/12/1995, 1-14

Folha de S.Paulo, 28/6/2005, Caderno Sinapse

Guia Exame da Boa Cidadania Corporativa, dezembro, 2004

Revista *Exame*, ano 39, n. 6, mar. 2005

Revista eletrônica *Integração do Centro de Estudos do Terceiro Setor da Fundação Getúlio Vargas de São Paulo*, ano IV, n. 9, dez. 2001. Disponível em: <www.fgvsp.br/integracao>. Acesso em: out. 2004.

Valor Econômico, 8/11/2001, Caderno Valor Especial — Empresa e Comunidade

Valor Econômico, 20/12/2001, Caderno Valor Especial — Empresa e Comunidade

Você S/A, edição 30, ano 3, dez. 2000, Editora Abril

Bibliografia consultada

ARANTES, Paulo Eduardo. Esquerda e direita no espelho das ONGs. ONGs, identidades e desafios atuais. In: *Cadernos ABONG*. São Paulo, Autores Associados, n. 27, 2000.

ARENDT, Hannah. Crise da educação. In: *Entre o passado e o futuro*. São Paulo: Perspectiva, 1972.

ARENDT, Hannah. *Origens do totalitarismo*. São Paulo: Companhia das Letras, 2000.

BAVA, Silvio Caccia. O Terceiro Setor e os desafios do estado de São Paulo para o século XXI. ONGs, identidades e desafios atuais. In: *Cadernos ABONG*, São Paulo, Autores Associados, n. 27, 2000.

BECK, Ulrich. A reinvenção da política: rumo a uma teoria da modernização reflexiva. In: BECK, Ulrich; GIDDENS, Anthony; LASH, Scott. *Modernização reflexiva*. São Paulo: Ed. Unesp, 1995.

BOSCHI, Renato; DINIZ, Eli. *Corporativismo e desigualdade*: a construção do espaço público no Brasil. Rio de Janeiro: IUPERJ/Passo Fundo, 1991.

_____; SANTOS, Fabiano. *Elites políticas e econômicas no Brasil contemporâneo*: a desconstrução da ordem corporativa e o papel do Legislativo no cenário pós--reformas. São Paulo: Fundação Konrad Adenauer, 2000.

BOURDIEU, Pierre. *Questões de sociologia*. Rio de Janeiro: Marco Zero, 1983.

_____. *Economia das trocas linguísticas*. São Paulo: Edusp, 1998.

BRANT, Vinicius Caldeira; SINGER, Paul (orgs.). *São Paulo*: o povo em movimento, Vozes/CEBRAP, 1980.

CARDOSO, Ruth. Fortalecimento da sociedade civil. In: IOSCHPE, Evelyn. *Terceiro Setor*: desenvolvimento social sustentado. São Paulo: Paz e Terra, 2000.

CAVALCANTI, Eliane. *Estudo de casos de ação social corporativa*. Dissertação de mestrado defendida na Faculdade de Economia, Administração e Contabilidade da Universidade de São Paulo. São Paulo, 2002.

CHAUI, Marilena. Ideologia neoliberal e universidade. In: OLIVEIRA, Francisco; PAOLI, Maria Célia. *Os sentidos da democracia, políticas do dissenso e hegemonia global*. Rio de Janeiro: Fapesp/Vozes, 1999.

_____. *Brasil*: mito fundador e sociedade autoritária. São Paulo: Fundação Perseu Abramo, 2000.

FALEIROS, Vicente de Paula. *A política social do estado capitalista — As funções da previdência e da assistência sociais*. São Paulo: Cortez, 1980.

FIGUEIRÓ. Ana Lúcia. *Redefinição da política ou despolitização? As concepções de "terceiro setor" no Brasil*. Dissertação de mestrado defendida no Centro de Filosofia e Ciências Humanas da Universidade Federal de Santa Catarina. Florianópolis, 2000.

FORACCHI, Marialice. *A participação social dos excluídos*. São Paulo: Hucitec, 1982.

GIUMBELLI, Emerson. Caridade, assistência social, política e cidadania: práticas e reflexões no espiritismo. In: LANDIM, Leilah (org.). *Ações em sociedade*: militância, caridade, assistência etc. Rio de Janeiro: NAU/ISER, 1998.

HABERMAS, Jürgen. *Mudança estrutural da esfera pública*. Rio de Janeiro: Edições Tempo Brasileiro, 1984.

LANDIM, Leilah; BERES, Neide. *Ocupações, despesas e recursos*: as organizações sem fins lucrativos no Brasil — Projeto comparativo sobre o setor sem fins lucrativos. ISER/The John Hopkins University-Institute for Policy Studies. Rio de Janeiro: Nau Editora, 1999.

LAVALLE, Adrián Gurza. *Espaço e vida públicos*: reflexões teóricas sobre o pensamento brasileiro. Tese de doutorado defendida na Faculdade de Filosofia, Letras e Ciências Humana, Universidade de São Paulo. São Paulo, 2001.

_____. Cidadania, igualdade e diferença. *Revista Lua Nova*, São Paulo, Centro de Estudos de Cultura Contemporânea — CEDEC, n. 59, 2003.

MARKOWITZ, Michele Andréa. *Bancos e banqueiros, empresas e famílias no Brasil*. Dissertação de mestrado defendida no Programa de Pós-Graduação em Antropologia Social, Museu Nacional. Universidade Federal do Rio de Janeiro. Rio de Janeiro, 2004.

MARTINS, Heloisa; RODRIGUES, Iram Jácome. O sindicalismo Brasileiro na segunda metade dos anos 90. In: Tempo Social — Dossiê FHC, 1º mandato. *Revista de Sociologia da USP*, v. 11, n. 2, out. 1999.

OLIVEIRA, Francisco de. *Crítica à razão dualista/O ornitorrinco*. São Paulo: Boitempo, 2003.

PAOLI, Maria Célia. Empresa e Responsabilidade Social: Os Enredamentos da Cidadania no Brasil. In: SANTOS, Boaventura de Souza. *Democratizar a democracia*: os caminhos da democracia participativa. Rio de Janeiro: Civilização Brasileira, 2002.

PELIANO, Ana Maria T. Medeiros. *A iniciativa privada e o espírito público — Um retrato da ação social das empresas do sudeste brasileiro*. Brasília: IPEA, 2000.

PRADO, Ney. *Razões das virtudes e vícios da Constituição de 1988 — Subsídios à revisão constitucional*. São Paulo: Instituto Liberal/Ed. Inconfidentes, 1994.

RANCIÈRE, Jacques. *O desentendimento-política e filosofia*. São Paulo: Ed. 34, 1996.

ROSANVALLON, Pierre. *A nova questão social — repensando o Estado-providência*, Brasília: Instituto Teotônio Vilela, 1998.

SBERGA, Adair Aparecida. *Voluntariado jovem — Construção da identidade e educação sociopolítica*. São Paulo: Salesiana, 2001.

SILVA, Ana Amélia da. Dimensões da interlocução pública: cidade, movimentos sociais e direitos. In: DINIZ, Eli; LOPES, José Sérgio Leite; PRANDI, Reginaldo (orgs.). *O Brasil no rastro da crise*. São Paulo: ANPOCS, Hucitec, IPEA, 1994.

SOUZA, Jessé. (Não) reconhecimento e subcidadania, ou o que é "ser gente"? *Revista Lua Nova*, São Paulo, Centro de Estudos de Cultura Contemporânea — CEDEC, n. 59, 2003.

TAVARES, Ricardo Neiva. *As Organizações Não Governamentais nas Nações Unidas*. Brasília: Instituto Rio Branco/Fundação Alexandre Gusmão/Centro de Estudos Estratégicos, 1999.

TELLES, Vera da Silva. *Direitos sociais — Afinal de que se trata?* Belo Horizonte: Ed. UFMG, 1999.

WANDERLEY, Mariângela Belfiore. *Metamorfoses do desenvolvimento de comunidade*. São Paulo: Cortez, 1993.

LEIA TAMBÉM

▶ **EMPRESA CIDADÃ: uma estratégia de hegemonia**

Mônica de Jesus César

1ª edição (2008)
328 páginas
ISBN 978-85-249-1421-8

Leitura fundamental para assistentes sociais e profissionais da área de Ciências Sociais envolvidos na prática social. Afinal, encontra-se aqui uma leitura e tratamento teórico rigoroso do tema, diante da difícil discriminação que envolve, em um jogo de luz e sombra, as continuidades e rupturas na tessitura da realidade contemporânea.

LEIA TAMBÉM

▶ **O MITO DA ASSISTÊNCIA SOCIAL:**
ensaios sobre Estado, Política e Sociedade

Ana Elizabete Mota (org.)

3ª edição (2009)
256 páginas
ISBN 978-85-249-1427-0

Esta coletânea trata de algumas das principais polêmicas sobre as políticas sociais no capitalismo contemporâneo, com destaque para a assistência social. Leitura obrigatória para os que lutam por preservar os acúmulos realizados ao longo dos anos, e que no início do século XXI parecem colocados em risco, pela força avassaladora das novas formas de alienação impostas pelo capital.